U0608039

中国翻译专业学位
教育探索之路

The Exploration Road to China's Translation
and Interpreting Education

主　编

穆　雷　赵军峰

编　委

黄友义　仲伟合　许　钧　蒋洪新　贾文键

ZHEJIANG UNIVERSITY PRESS
浙江大学出版社
·杭州·

图书在版编目（CIP）数据

中国翻译专业学位教育探索之路 / 穆雷，赵军峰主编
. -- 杭州 ：浙江大学出版社，2022.9
ISBN 978-7-308-22997-5

Ⅰ．①中… Ⅱ．①穆… ②赵… Ⅲ．①翻译－研究生
教育－研究－中国 Ⅳ．①H059-4

中国版本图书馆CIP数据核字(2022)第161946号

中国翻译专业学位教育探索之路

The Exploration Road to China's Translation and Interpreting Education

主编　穆　雷　赵军峰

策划编辑	包灵灵	
责任编辑	诸葛勤	
责任校对	陆雅娟	
封面设计	云水文化	
出版发行	浙江大学出版社	
	（杭州市天目山路148号　　邮政编码　310007）	
	（网址：http://www.zjupress.com）	
排　　版	云水文化	
印　　刷	浙江海虹彩色印务有限公司	
开　　本	787mm×1092mm　1/16	
印　　张	18.25	
字　　数	215千	
版 印 次	2022年9月第1版　2022年9月第1次印刷	
书　　号	ISBN 978-7-308-22997-5	
定　　价	168.00元	

版权所有　翻印必究　　印装差错　负责调换

浙江大学出版社市场运营中心联系方式：0571-88925591；http://zjdxcbs.tmall.com

编者的话

2006 年，翻译专业教学在中国进入国家教育体制，由此开创了翻译教育迅猛发展的新时代。此前虽有个别院校自行开展翻译教学，如北京外国语大学（北外）于 1979 年创办联合国译员培训班（后改名为高级翻译学院），广东外语外贸大学（广外）于 1997 年成立翻译系及 2005 年成立高级翻译学院，上海外国语大学（上外）于 2003 年成立高级翻译学院并开展口译证书培训，对外经济贸易大学（对外经贸大学）与欧盟委员会口译总司于 2001 年 4 月正式签约合作举办国际会议口译培训项目"中欧高级译员培训中心"等，但这些均未进入教育体制，因此也就无法颁发国家认可的学历证书和学位证书。翻译专业教学包括学术型和专业型两种不同类型的翻译教学：学术型的翻译教学从恢复高考制度和研究生培养以后就处于探索阶段，在外国语言文学一级学科下进行招生；专业型的翻译教学则长期付之阙如。为了"名正言顺"地开展翻译专业学位教育，一些学者开始奔走呼吁，从学理和体制两方面进行不懈的努力。终于在 2006 年，教育部的本科招生目录里有了"翻译"专业；2007 年，专业硕士序列中有了"翻译硕士专业学位"；2012 年，"翻译学"成为学科目录里外国语言文学一级学科下的五大方向之一。

在翻译专业学位教育建设的道路上，许多人付出了心血与汗水。为了不忘记翻译专业教育开创与发展的探索之路，我们编辑了这本图册，收录了 2006—2021 年这 15 年里重要的相关文件和图片，给翻译专业建设与学科建设留下一份纪念。

主任委员寄语

全国翻译专业学位研究生教育指导委员会主任委员黄友义寄语

　　__既懂得"翻译世界"，但又不忘记"翻译中国"，它就__
__是当下，MTI教育的两面。__

　　__爱翻译，懂翻译，做翻译，服务国家，沟通世界，__
__这是翻译教育硕士教育的使命，也是历史交给这个时代的__
__责任。__

黄友义

全国翻译专业学位研究生教育指导委员会副主任委员何其莘寄语

搞翻译：架设中国与世界交流的桥梁。

何其莘

荜路蓝缕启山林
译海航标立潮头

祝中国翻译专业学位教育不断发展，为中外文化交流、文明互鉴和人类命运共同体的构建做出独特的贡献。

许钧

二〇二一年十一月十二日

气蒸云梦泽，千山万水
收眼底；且月团蝶
五湖四海皆兄弟。

蒋洪新

目　录

2006年

翻译本科扬帆起航
翻译硕士企划蓝图

翻译本科进入全国招生目录，三所院校开始试点招生，本科层面的翻译教学从外语教学的课程与方向发展为正式的专业。

翻译硕士专业学位进入论证阶段。通过国际翻译教学调研报告和国内翻译需求调研，凸显专业翻译教学的重要性、必要性和可行性。

谢天振教授给时任教育部副部长吴启迪的信

2006 年 7 月 4 日，谢天振教授就在国内高校建立翻译学学位点一事写信给时任教育部副部长吴启迪，信件全文如下。

尊敬的吴启迪副部长：您好！

请原谅我如此冒昧地直接给您写信，这是因为最近二三十年来国际上翻译学学科的迅猛发展，使我作为一名在国内高校多年从事翻译学理论研究，以及指导翻译学博士生的教师不得不发出紧急呼吁，希望教育部有关部门领导能正视当今翻译学学科在世界各国的发展现状，以及国内对高质量翻译人才的市场需求，尽快在教育部的学科目录中正式设立翻译学专业，建立翻译学硕、博士学位点！

迄今为止，世界上已经有 240 多所大学设立了独立的翻译系、所和翻译学学位点，培养翻译学的硕士、博士。仅英国，就有五分之一以上大学设有与翻译有关的教学机构，可以培养学士、硕士和博士学位层次的专门翻译人才。我国香港地区的多所大学，如香港中文大学、香港浸会大学、岭南大学、香港城市大学、香港理工大学等，以及台湾地区的台湾师范大学、辅仁大学等，也都设有翻译系、所或翻译学的硕、博士学位点。

而我国内地的高校，除上外于去年自行设立翻译学学位点并正式开始招收翻译学的硕士、博士生外，还没有第二所高校设立独立的翻译学的学位点。多年来我国内地的学生都得到欧美或是港台高校学习翻译学，我们至今还没有一个内地高校自己培养的翻译学博士，目前活跃在内地高校的翻译学博士也都是来自欧美或港台高校，这对于我们这个泱泱翻译大国来说，实在是太不相称了。

当前，随着全球化意识的增强，翻译研究日益受到广泛的重视。在发达国家的许多高校，同时也包括第三世界国家的许多高校，翻译研究早已发展成为一门独立的学科。但在我国内地，翻译研究却还只是作为某一外语学科下面的一个"方向"，譬如在英语语言文学学科下有一个"翻译方向"。20世纪90年代初，曾有过短暂的一两年时间，在我国国家教委颁布的学科目录（见诸个别几所高校的研究生招生目录）中曾经出现过"翻译理论与实践"的硕士学位点，但后来很快就消失了。再后来，翻译就成为应用语言学下面的三级学科了。

翻译学在我国学科目录中的这种位置，一方面反映出我们对当前国际翻译学学科发展形势认识的滞后，没能看到翻译学目前早已不单纯是一个语言学范畴内的分支学科了；但另一方面，更重要的是，它阻碍了翻译学学科的正常发展，同时还对目前国内高校外语院系的学科建设产生误导：由于看不到翻译学学科的发展前景，外语院系的学科建设就都往语言文学方向努力，连财经大学的外语系都拼命引进外国文学理论的研究人才，以争取设立外国语言文学专业博士点。其实，这样的博士点即使争取到了，对于财经大学来说，并无实际意义。如果能鼓励他们发展翻译学学科，尤其是能体现他们学校特色的翻译学学科，如关注金融、经济方面的翻译研究，培养这方面的专门人才，对他们学校、对社会，都是大有裨益的。

随着改革开放的不断深化，我国国际地位的逐步提高，国际交往的日益频繁，翻译在我国的政治、经济、外交、文化、教育、科技等各个领域中的地位日显重要，对高质量的口笔译人才的需求与日俱增。然而，传统外语学科下的翻译方向研究生多偏重外语能力培训，而忽视了翻译学作为一门独立学科的特殊要求，无法立即满足用人单位对翻译人才的要求。因此，只有尽快设置独立的翻译学学科和学位点，才能形成专门的、科学的翻译教学与研究体系，培养出一批外语熟练、知识面开阔、同时还具有一定的理论修养的高层次的翻译人才。

不无必要一提的是，目前教育部在三所高校进行翻译系试点教学而不立即推广是有道理的。根据目前内地考生的外语水平，目前要在本科层面开展翻译学专业训练，还为时过早。由于考生的中外文水平都还没有达到一定水平，本科层面的翻译系教学与目前外语系本科生的教学难以有实质性的区别。因此，比较可行的途径是，目前首先在研究生层面设立翻译学学位点，待条件成熟后，再设立本科层面的翻译系。

最后，还可顺便一提的是，在翻译学学科正式建立起来以后。还可仿照

MBA 的模式，进行面向社会的"翻译专业硕士"（简称 MIT，即 Master of Interpretation and Translation）培训，这既可规范目前比较混乱的翻译人才培训市场，另一方面又可为社会培养真正合格的翻译人才。此事实际上也为高校的翻译学专业展示了比较广阔的市场发展前景。

以上所述，仅为本人的管窥之见。不妥之处，敬请吴部长指正！

顺颂大安！

上海外国语大学翻译研究所 谢天振敬上

2006 年 7 月 4 日

（谢天振，1944—2020，教授，博导，时任上海外国语大学翻译研究所所长。）

翻译本科专业建立

2005 年 4 月，广东外语外贸大学正式成立高级翻译学院。学院从 5 月份刚开始运作，就把学科建设放在首位：一方面积极通过大学向教育部申请试办翻译本科专业；另一方面与北京外国语大学、上海外国语大学、南京大学和对外经贸大学的学者们沟通联络，一起向教育部表达创办翻译硕士专业学位的设想。

2006 年，复旦大学、广东外语外贸大学与河北师范大学成为首批试办的翻译本科专业招生院校。同年秋季，全国首批翻译本科生入校学习。

翻译硕士专业学位论证专家小组第一次工作会议

2006 年 11 月 6 日，翻译硕士专业学位论证专家小组第一次工作会议在广东外语外贸大学举行。出席会议者有国务院学位委员会办公室（学位办）副主任 / 教育部学位管理与研究生教育司副司长李军、国务院学位办文理医科处处长黄宝印、广东省教育厅副厅长 / 广东省学位委员会副主任罗远芳、广东省学位办副主任王斌伟、国务院学位办文理医科处朱瑞、广东外语外贸大学党委副书记 / 副校长方凡泉、广东外语外贸大学副校长陈建平、广东外语外贸大学副校长隋广军，以及翻译硕士专业学位论证专家小组组长何其莘、副组长许钧、副组长仲伟合、专家小组成员（以姓氏笔画为序）王东风、王立弟、宁一中、石坚、刘世生、刘振前、张春柏、杨信彰、郑海凌、柴明颎、屠国元、蒋洪新、程朝翔，还有广东外语外贸大学邹启明、李青、穆雷和莫爱屏。

开设翻译硕士专业学位的想法自 2005 年开始酝酿，被列为 2006 年国务院学位办的重点工程之一。此次在广东外语外贸大学召开的第一次工作会议，目的是召集各位专家和领导，从不同的角度论证翻译硕士专业学位的定位、可行性和必要性等。

▲翻译硕士专业学位论证专家小组第一次工作会议会场

▲李军在翻译硕士专业学位论证专家小组第一次工作会议上作报告

▲黄宝印在翻译硕士专业学位论证专家小组第一次工作会议上发言

▲罗远芳在翻译硕士专业学位论证专家小组第一次工作会议上发言

▲ 何其莘在翻译硕士专业学位论证专家小组第一次工作会议上发言

▲ 仲伟合在翻译硕士专业学位论证专家小组第一次工作会议上作论证报告

▼翻译硕士专业学位论证专家小组第一次工作会议参会者合影

翻译硕士专业学位论证专家小组第二次工作会议

2006 年 12 月 22 日，翻译硕士专业学位论证专家小组在上海外国语大学举办了第二次工作会议，讨论了一个月以来起草的《翻译硕士专业学位设置方案》和《申请翻译硕士专业学位试点单位基本条件》等文件，并对进一步起草与修改方案相关的各类文件的具体负责人做了分工。出席会议者有李军（国务院学位委员会办公室副主任 / 教育部学位管理与研究生教育司副司长）、黄宝印（国务院学位办文理医科处处长）、陆敏（国务院学位办文理医科处）、朱瑞（国务院学位办文理医科处）、何其莘（北京外国语大学副校长 / 翻译硕士专业学位论证专家小组组长）、许钧（南京大学教授 / 翻译硕士专业学位论证专家小组副组长）、仲伟合（广东外语外贸大学副校长 / 翻译硕士专业学位论证专家小组副组长）、王东风（中山大学教授）、王立弟（北京外国语大学教授）、宁一中（北京语言大学教授）、石坚（四川大学教授）、刘世生（清华大学教授）、刘龙根（上海交通大学教授）、刘振前（山东大学教授）、何刚强（复旦大学教授）、张春柏（华东师范大学教授）、杨信彰（厦门大学教授）、郑海凌（北京师范大学教授）、柴明颎（上海外国语大学教授）、屠国元（中南大学教授）、蒋洪新（湖南师范大学教授）、程朝翔（北京大学教授）、穆雷（广东外语外贸大学教授）、谢天振（上海外国语大学教授）。

▲翻译硕士专业学位论证专家小组第二次工作会议参会者合影

► 翻译硕士专业学位论证专家小组第二次工作会议现场 1

► 翻译硕士专业学位论证专家小组第二次工作会议现场 2

► 翻译硕士专业学位论证专家小组第二次工作会议现场 3

► 翻译硕士专业学位论证专家小组第二次工作会议现场 4

2007年

**翻译硕士论证现实落地
教指委成立集思广益**

国务院学位委员会通过决议同意设置翻译硕士专业学位和汉语国际教育专业学位，我国专业硕士学位从 16 个增加到 18 个。全国翻译硕士专业学位教育指导委员会（本书简称"全国翻译硕士教指委"）成立，修改完善设置方案、准入方案、课程设置、教材编写、考试大纲等相关文件，成立学术委员会，开展相关工作。

首批 15 所院校通过申请答辩获批试办翻译硕士培养点。首批非全日制 MTI[1] 学生通过"硕士学位研究生入学资格考试"（Graduate Candidate Test，简称 GCT 联考）被录取。

1 该学位最初的名称是 MIT（Master of Interpretation and Translation），对应中文常用"翻译专业硕士"（见本书第 5 页"谢天振教授给时任教育部副部长吴启迪的信"）。2007 年 1 月，经国务院学位委员会论证，改为现名"翻译硕士专业学位"，即 MTI（Master of Translation and Interpreting）。

翻译硕士专业学位论证专家小组第三次工作会议

2007年1月16日，翻译硕士专业学位论证专家小组中各类文件起草负责人在广东外语外贸大学举行了第三次工作会议，讨论修改并定稿了调研报告、必要性论证、可行性论证、设置申请、培养方案、试办条件和课程设置等多个文件。参会者有何其莘（北京外国语大学副校长／翻译硕士专业学位论证专家小组组长）、许钧（南京大学教授／翻译硕士专业学位论证专家小组副组长）、仲伟合（广东外语外贸大学副校长／翻译硕士专业学位论证专家小组副组长）、穆雷（广东外语外贸大学教授）和谢天振（上海外国语大学教授）。

2007年1月下旬，国务院学位委员会第23次全体会议讨论通过了翻译硕士专业学位的设置申请。

2007年5月15日，首批申请设置翻译硕士培养点的院校在北京参加教育部学位办组织的答辩，15所院校获得批准。

2007年5月15日，首批15所院校获批试办翻译硕士培养点，参与翻译硕士专业设置论证的几所院校学者合影留念，从右到左依次为北京外国语大学高级翻译学院院长王立弟、上海外国语大学高级翻译学院翻译研究所所长谢天振、上海外国语大学高级翻译学院院长柴明颎、南京大学教授许钧、广东外语外贸大学高级翻译学院院长穆雷。

◀ 翻译硕士专业学位论证专家小组第三次工作会议参与翻译硕士专业设置论证的部分专家合影

▲ 2007 年 6 月 2 日，专家小组在广州修改指导性培养方案

翻译硕士和汉语国际教育硕士专业学位教指委成立大会

2007 年 9 月 18 日，教育部举办翻译硕士和汉语国际教育硕士专业学位教指委成立大会。教育部副部长吴启迪、学位办主任杨玉良、副主任李军，以及全国翻译硕士教指委主任委员黄友义和副主任委员姜江、何其莘、仲伟合等出席大会。会上李军宣读了关于设立两个新的专业硕士的学位办文件，吴启迪副部长发言并向两个教指委成员颁发证书。

吴启迪副部长的报告有四个主要内容：（1）学位与研究生教育；（2）专业学位教育；（3）设置两个新专业的必要性和重要性；（4）如何做好试点工作。她指出，我国研究生教育已经完成了前两个战略目标，即所有领域都可以独立培养研究生和我国成为研究生教育大国。然而，从研究生教育大国到研究生教育强国尚有距离，下一步战略是以提高教育质量为核心。从西方教育史来看，学术型人才培养先行是符合教育规律的。为了拓宽培养人才的类型与规格，需要根据经济社会发展的需要培养高层次、复合型、职业化的专门人才，这就需要发展专业学位教育。专业学位教育和过去传统的学术型学位教育的区别在于培养规格不同，但无高低之分，是专业发展的生命线。我们一定要强化质量意识，不用学术性标准作为人才衡量标准，而以用人单位标准为衡量标准。新设置的两个专业学位，都跟语言有关，具有国际性和战略意义，是国家软实力的重要组成部分，也是对外交往的桥梁和纽带。为了做好试点工作，需要加强领导、充分重视、积累经验。各试点单位领导要充分认识到设立该学位的重要意义不仅仅是增加一个新的学位点，更是培养理念与培养方式的变化。现有的师资队伍未必称职，教师应该成为"双师"型人才，既要是合格的教师，还要成为合格的高级职业人才。国务院学位办和教育部在选聘教指委成员时的标准主要有：（1）学术水平：一般为学科带头人；（2）行政能力：一般为各单位负责人；（3）奉献精神：都是志愿者，无报酬，尽义务。两个新成立的教指委分别召开第一工作会议。

▲吴启迪副部长在翻译硕士和汉语国际教育硕士专业学位教指委成立大会上作报告

▲全国翻译硕士教指委首任主任委员黄友义发言

▲全国翻译硕士教指委成立大会合影

▲两个教指委成立大会会场

▲吴启迪副部长（左二）为全国翻译硕士教指委副主任委员何其莘（左一）颁发聘书

▲ 全国翻译硕士教指委第一次工作会议会场主席台

▲ 吴启迪副部长（左一）为全国翻译硕士教指委副主任委员仲伟合颁发聘书

全国翻译硕士教指委 2007 年主任工作会议

2007 年 11 月 10 日，全国翻译硕士教指委在广州举行 2007 年主任工作会议。

▼全国翻译硕士教指委主任工作会议会场

▲ 出席 2007 年全国翻译硕士教指委主任工作会议的主任委员合影

▲ 参加 2007 年全国翻译硕士教指委主任工作会议的全体代表合影

全国翻译硕士专业学位教育指导委员会成员名单
（第一届）

主任委员：

黄友义　中国外文出版发行事业局　　副局长

副主任委员：

何其莘　北京外国语大学　　　　　　教授
姜　江　外交部翻译室　　　　　　　副主任
许　钧　南京大学　　　　　　　　　教授
仲伟合　广东外语外贸大学　　　　　教授

委员（以姓氏笔画为序）：

王东风　中山大学　　　　　　　　　教授
王宏印　南开大学　　　　　　　　　教授
刘龙根　上海交通大学　　　　　　　教授
陈以一　同济大学　　　　　　　　　教授
何刚强　复旦大学　　　　　　　　　教授
李　力　西南大学　　　　　　　　　教授
李绍山　解放军外国语学院　　　　　教授
杨英姿　中国外文出版发行事业局　　处长
杨信彰　厦门大学　　　　　　　　　教授
金　莉　北京外国语大学　　　　　　教授
柴明颎　上海外国语大学　　　　　　教授
屠国元　中南大学　　　　　　　　　教授
程朝翔　北京大学　　　　　　　　　教授
蒋洪新　湖南师范大学　　　　　　　教授
穆　雷　广东外语外贸大学　　　　　教授

秘书长：

穆　雷（兼）

▲ 2007 年 11 月 9 日，全国翻译硕士教指委秘书处在广东外语外贸大学挂牌

▲ 2007 年 12 月 24 日，学位办主任杨玉良院士在秘书处指导工作

国务院学位委员会　教育部
关于成立全国翻译硕士专业学位教育指导委员会的通知

学位〔2007〕28 号

有关单位：

国务院学位委员会第二十三次会议审议通过了《翻译硕士专业学位设置方案》，决定在我国设置翻译硕士专业学位。为提高我国翻译硕士专业学位教育水平，保证翻译硕士专业学位教育工作的健康、顺利发展，国务院学位委员会、教育部决定成立全国翻译硕士专业学位教育指导委员会（以下简称教指委）。

教指委是在国务院学位委员会、教育部指导下的全国翻译硕士专业学位教育的专业性组织。其主要任务是：探索我国应用型、高层次翻译专门人才的培养模式，指导、协调全国翻译硕士专业学位教育活动，加强高等学校与实际部门的联系，推动我国翻译硕士专业学位教育的顺利发展和教育水平的不断提高。

教指委成员是在有关单位推荐的基础上，由国务院学位委员会、教育部选聘。请各有关单位积极支持他们的工作。

教指委秘书处设在广东外语外贸大学。

附件：全国翻译硕士专业学位教育指导委员会成员名单

国务院学位委员会　教育部

二〇〇七年八月十四日

国务院学位委员会
教　育　部　文件

学位〔2007〕28 号

国务院学位委员会、教育部关于成立全国翻译硕士专业学位教育指导委员会的通知

有关单位：

国务院学位委员会第二十三次会议审议通过了《翻译硕士专业学位设置方案》，决定在我国设置翻译硕士专业学位。为提高我国翻译硕士专业学位教育水平，保证翻译硕士专业学位教育工作的健康、顺利发展，国务院学位委员会、教育部决定成立全国翻译硕士专业学位教育指导委员会（以下简称教指委）。

教指委是在国务院学位委员会、教育部指导下的全国翻译硕士专业学位教育的专业性组织。其主要任务是：探索我国应用型、高层次翻译专门人才的培养模式，指导、协调全国翻译硕士专业学

— 1 —

位教育活动，加强高等学校与实际部门的联系，推动我国翻译硕士专业学位教育的顺利发展和教育水平的不断提高。

教指委成员是在有关单位推荐的基础上，由国务院学位委员会、教育部选聘。请各有关单位积极支持他们的工作。

教指委秘书处设在广东外语外贸大学。

附件：全国翻译硕士专业学位教育指导委员会成员名单

二〇〇七年八月十二日

主题词：硕士　专业　教学　机构　设置　通知

部内发送：部领导，办公厅

教育部办公厅　　　　　　　　　2007 年 8 月 20 日印发

— 2 —

附件：

全国翻译硕士专业学位教育指导委员会
成　员　名　单

主任委员：

黄友义	中国外文出版发行事业局	副局长

副主任委员：

何其莘	北京外国语大学	教授
姜　江	外交部翻译室	副主任
许　钧	南京大学	教授
仲伟合	广东外语外贸大学	教授

委员（以姓氏笔画为序）：

王东风	中山大学	教授
王宏印	南开大学	教授
刘龙根	上海交通大学	教授
陈以一	同济大学	教授
何刚强	复旦大学	教授
李　力	西南大学	教授
李绍山	解放军外国语学院	教授
杨英姿	中国外文出版发行事业局	处长

— 3 —

杨信彰	厦门大学	教授
金　莉	北京外国语大学	教授
柴明颎	上海外国语大学	教授
屠国元	中南大学	教授
程朝翔	北京大学	教授
蒋洪新	湖南师范大学	教授
穆　雷	广东外语外贸大学	教授

秘书长：

穆　雷	（兼）

— 4 —

关于成立全国翻译硕士专业学位教育
指导委员会学术委员会的通知
（第一届）

为加强全国翻译硕士专业学位（MTI）教育的教学与科研工作，促进高端翻译人才培养，提高培养质量，决定成立全国翻译硕士专业学位教育指导委员会学术委员会。

学术委员会在全国翻译硕士教指委主任委员的领导下开展工作，其主要职能为：

（1）负责全国 MTI 教育的科研与学术交流工作；

（2）开展与 MTI 教学与科研有关的项目评审；

（3）组织全国性或国际学术研讨会；

（4）积极参与教材建设、课程建设与师资队伍建设；

（5）开拓与境外、国外相关院校与科研机构、团体的科研合作和学术交流；

（6）组织优秀学位论文的评选。

学术委员会设主任 1 名，副主任 2 名，委员若干名。

主任委员：　许　钧

副主任委员：穆　雷、谢天振

委　　员：　　王东风、王克非、刘和平、郑海凌、廖七一、杨　平

全国翻译硕士专业学位教育指导委员会

2007 年 11 月 25 日

▶ 全国翻译硕士教指委第一期工作通讯

翻译硕士专业学位入学考试研制

全国翻译硕士教指委在 2007 年 9 月 18 日正式成立后，围绕翻译硕士专业的入学考试、培养方案、课程设置、教学要求等方面开展了一系列工作。与之相应的 MTI 教材建设也被列为工作重点之一。教指委计划于 2008 年 4 月开始启动 2008 年度全国联考招生考试命题的准备工作，并计划于 2008 年 8 月在上海外国语大学开展 2008 年度师资与管理培训，培训内容为口译教学、笔译教学和 MTI 教学管理。教指委同时启动 2008 年度翻译硕士专业学位教指委研究项目的申请工作。

2007 年，翻译硕士开始招收非全日制研究生，987 人报名，统一参加 10 月的全国非全日制研究生 GCT 联考，准备 2008 年春季入学，15 所院校共招生 480 人，联考成绩在全国 18 个专业硕士中名列第一。

▲ 翻译硕士专业学位（MTI）入学考试全国联考指南

▲ 全日制翻译硕士专业学位（MTI）研究生入学考试指南

翻译硕士专业学位系列教材建设

2007 年 12 月 15 日，全国翻译硕士专业学位教材建设研讨会在南京召开。会议确定 MTI 系列教材编委会由 23 位专家组成，何其莘、许钧、仲伟合三位教授担任总主编。在此次会议上，教指委明确提出了 MTI 人才定位的三个关键词，即应用型、专门化、高层次。这决定了 MTI 课程的理论要求不高，讲授的理论应该通俗易懂，实践性课程应占到全部课程的 70% 以上。因此，教材编写的重点应放在强化翻译技能的训练上，要与现有的翻译教材有所区别。会议最终确定开发的系列教材分为三大类，包括工具书及理论通识类、口译技能类和笔译技能类，由主要的外语出版社参与教材编写，并组织出版社申报教材出版。

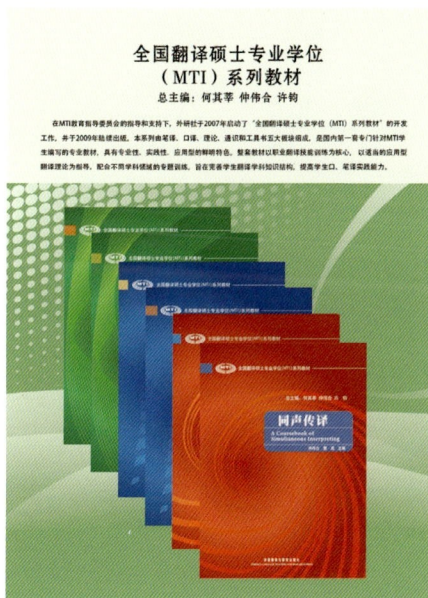

▲ 全国翻译硕士专业学位（MTI）系列教材

翻译硕士专业（MTI）课程系列教材

总主编：何其莘 仲伟合 许钧

课程类型	教材名称	主编
笔译课程	高级英汉翻译	孙致礼 周晔
	高级汉英翻译	陈宏薇
	笔译理论与技巧	何刚强
	高级文学翻译	胡显耀 李力
	非文学翻译	李长栓
	中国文化典籍英译	王宏印
	世界文化典籍汉译	王宏印
	外事笔译	姜秋霞
	科技翻译	傅勇林 唐跃勤
	计算机辅助翻译	钱多秀
口译课程	基础口译	仲伟合 王斌华
	交替传译（第二版）	任文
	英汉视译	秦亚青 何群
	同声传译	仲伟合 詹成
	商务口译	赵军峰
	外交口译	何群 李春怡
	会议口译	筑斌 朱玉犇 孙婷婷
理论课程	翻译概论（修订版）	许钧
	中西翻译简史	谢天振 等
	翻译研究方法概论	穆雷
	当代西方翻译研究原典选读	廖七一
通识课程	翻译与跨文化交际	陈建平
	英汉比较与翻译	秦洪武 王克非
工具书	翻译实用手册	文军
	MTI 毕业论文写作指南	黄国文
	会议口译常用语手册	詹成

▲ 翻译硕士专业（MTI）课程系列教材

2008 春

职业导向思路清晰
专业测试衔接顺利

教育部领导指出，国际上专业学位所占的比例远远高于国内，我们要调整研究生培养思路和政策。

《国务院学位委员会 教育部 人力资源和社会保障部关于翻译硕士专业学位教育与翻译专业资格（水平）证书衔接有关事项的通知》明确了 MTI 学生参加 CATTI［全国翻译专业资格（水平）考试］二级考试的要求，落实了专业学位与职业考试的软接轨方案。

首届 MTI 非全日制研究生入学。教指委举办第一届师资培训班。

全国翻译硕士教指委 2008 年年会

▲全国翻译硕士教指委 2008 年年会专家合影

▲李军副主任在全国翻译硕士教指委 2008 年年会上发言

2008 年 3 月 29 日，全国翻译硕士专业学位教育指导委员会 2008 年年会在广州召开。国务院学位办副主任李军、教育部研究生司文理医学科处唐继卫、朱瑞等领导莅临指导。15 位教指委委员出席了年会。会议主要讨论了教指委 2007 年工作总结和 2008 年工作计划中的重大问题。

国务院学位委员会　教育部　人力资源和社会保障部关于翻译硕士专业学位教育与翻译专业资格（水平）证书衔接有关事项的通知

学位〔2008〕28 号

各翻译硕士专业学位研究生培养单位：

为适应我国改革开放和社会主义现代化建设需要，促进专业学位教育和职业资格证书制度的紧密衔接，推动我国翻译人才培养与评价工作的开展，经国务院学位委员会、教育部、人力资源和社会保障部研究决定，现就翻译硕士专业学位教育与翻译专业资格（水平）证书衔接的有关事项通知如下：

一、翻译硕士专业学位研究生，入学前未获得二级或二级以上翻译专业资格（水平）证书的，在校学习期间必须参加二级口译或笔译翻译专业资格（水平）考试。

二、翻译硕士专业学位研究生，在校学习期间参加二级口译或笔译翻译专业资格（水平）考试，可免试《综合能力》科目，只参加《口译实务》或《笔译实务》科目考试；考试成绩合格，颁发人力资源和社会保障部统一印制的二级口译或笔译《中华人民共和国翻译专业资格（水平）证书》。

请你单位按照上述要求，做好翻译硕士专业学位教育与翻译专业资格（水平）证书衔接的有关工作，严格执行《翻译硕士专业学位研究生指导性培养方案》，保证翻译硕士专业学位研究生培养质量。

国务院学位委员会　教育部　人力资源和社会保障部

二〇〇八年九月十三日

国务院学位委员会
教　　育　　　　部 文件
人力资源和社会保障部

学位〔2008〕28号

关于翻译硕士专业学位教育与翻译专业资格
（水平）证书衔接有关事项的通知

各翻译硕士专业学位研究生培养单位：

　　为适应我国改革开放和社会主义现代化建设需要，促进专业学位教育和职业资格证书制度的紧密衔接，推动我国翻译人才培养与评价工作的发展，经国务院学位委员会、教育部、人力资源和社会保障部研究决定，现就翻译硕士专业学位教育与翻译专业资格（水平）证书衔接的有关事项通知如下：

　　一、翻译硕士专业学位研究生，入学前未获得二级或二级以上翻译专业资格（水平）证书的，在校学习期间必须参加二级口译或笔译翻译专业资格（水平）考试。

　　二、翻译硕士专业学位研究生，在校学习期间参加二级口译或笔译翻译专业资格（水平）考试，可免试《综合能力》科目，只参加《口译实务》或《笔译实务》科目考试；考试成绩合格，颁发人力资源和社会保障部统一印制的二级口译或笔译《中华人民共和国翻译专业资格（水平）证书》。

　　请你单位按照上述要求，做好翻译硕士专业学位教育与翻译专业资格（水平）证书衔接的有关工作，严格执行《翻译硕士专业学位研究生指导性培养方案》，保证翻译硕士专业学位研究生培养质量。

国务院学位委员会　　　教　育　部　　　人力资源和社会保障部

二○○八年九月十三日

抄送：中国外文出版发行事业局，各省、自治区、直辖市学位委员会，全国翻译硕士专业学位教育指导委员会

第一届全国翻译硕士专业学位（MTI）师资培训班

2008 年 7 月 28 日，全国翻译硕士专业学位教育指导委员会主办、上海外国语大学高级翻译学院承办了为期一周的第一届 MTI 师资培训班。来自全国 14 所高校 MTI 试点培养单位和 19 所准备申办 MTI 高校的 57 名教师参加了培训。

第 18 届世界翻译大会
"翻译硕士专业学位（MTI）教育"分论坛

2008 年 8 月 6 日，第 18 届世界翻译大会"翻译硕士专业学位（MTI）教育"分论坛在上海国际会议中心举行。论坛邀请了多名国内著名的翻译教学及研究专家发言，从教指委、教学院校、专业教师、技术支持等多个方面展示了 MTI 教育的现状，为 MTI 日后的发展集思广益，指明方向。

▲ 参加第 18 届世界翻译大会"翻译硕士专业学位（MTI）教育"分论坛的部分教指委专家合影

全国翻译硕士教指委 2008 年第一次主任工作会议

2008 年 10 月 22 日，全国翻译硕士专业学位教育指导委员会第一次主任工作会议在京召开，重点讨论了 MTI 试点培养单位评估方案和 MTI 新增试点培养单位条件与实地考察、教指委初评的安排。

▶ 全国翻译硕士教指委 2008 年第一次主任工作会议现场

▶ 全国翻译硕士教指委 2008 年第一次主任工作会议参会专家合影

全国翻译硕士教指委 2008 年第二次主任工作会议

2008 年 12 月 30 日，全国翻译硕士教指委 2008 年第二次主任工作会议在北京举行。会议的主要议题是审议第二批新增翻译硕士专业学位培养单位的申请材料和审批方案。2008 年共有 50 所高校提交申请报告。会议经过认真讨论，初步筛选出 25 所院校进入实地考察程序，决定于 2009 年 2 月 23 日至 3 月 5 日分四个专家组对这 25 所院校进行实地考察。

▼ 2008 年 12 月 30 日，全国翻译硕士教指委专家参加中国外文局举办的全国翻译专业资格（水平）考试 5 周年纪念会

▲全国翻译硕士教指委 2008 年第二次主任工作会议现场

2009 年

翻硕教育初具规模
师资培训步入正轨

首届 MTI 全日制研究生入学。

教指委对第二批申请 MTI 的院校开展审查,举办第二届师资培训班。

全国翻译硕士教指委对新申请翻译硕士专业院校开展进校考察

根据国务院学位委员会办公室《关于对新增法律硕士等类别专业学位研究生培养单位进行评审的通知》（学位办〔2008〕59 号）的要求，全国翻译硕士专业学位教育指导委员会于 2008 年 12 月对当年新增翻译硕士专业学位培养申请单位进行了审核，共有 25 所院校通过初审。教指委于 2009 年 2 月 22 日至 3 月 6 日组织专家小组对这 25 所院校的翻译硕士专业学位培养条件进行了实地考察。考察内容包括：（1）听取主管该项工作的校领导汇报；（2）召开翻译教师座谈会；（3）对办学条件进行实地考察等。

▲ 2009 年 2 月 22 日，第一考察组专家在天津外国语学院调研院校办学条件

▲ 2009 年 2 月 22 日，第二考察组专家在南京师范大学参加教师座谈会

▲ 2009 年 2 月 26 日，第三考察组专家在西安外国语大学与教师座谈

▲ 2009 年 2 月 27 日，第四考察组专家在黑龙江大学考察

2009 年全国翻译硕士专业学位（MTI）教指委工作（扩大）会议

2009 年 3 月 26 日至 27 日，全国翻译硕士专业学位（MTI）教指委工作（扩大）会议在长沙举行。会议讨论了 2009 年的招生、培养工作，存在的问题及解决办法，总结了 2008 年招生工作和双证实施方案，以及师资培训计划，对 25 个新增培养单位的申请进行了审议。

▼全国翻译硕士专业学位（MTI）教指委工作（扩大）会议参会专家合影

第二届全国翻译硕士专业学位（MTI）师资研讨班

2009 年 8 月 17 日至 8 月 22 日，广东外语外贸大学高级翻译学院受全国翻译硕士专业学位教育指导委员会委托，举办了第二届全国翻译硕士专业学位（MTI）师资研讨班。

▶ 第二届全国翻译硕士专业学位（MTI）师资研讨班授课专家合影

▶ 第二届全国翻译硕士专业学位（MTI）师资研讨班组织、工作人员合影

全国翻译硕士教指委 2009 年主任工作会议

2009 年 10 月 15 日，全国翻译硕士教指委在北京举行了教指委主任工作会议，主要讨论了 MTI 教材出版、教学评估方案起草、全日制考试大纲制定和 2010 年新增试点培养单位申报等工作。

▲全国首届翻译硕士专业学位（MTI）教育与翻译产业研讨会参会专家合影

全国首届翻译硕士专业学位（MTI）教育
与翻译产业研讨会

2009 年 11 月 14 日，全国首届翻译硕士专业学位（MTI）教育与翻译产业研讨会在北京举行。会议由全国翻译硕士教指委、中国译协翻译理论与教学委员会和北京大学 MTI 教育中心共同主办，来自全国的 150 余名代表与会。本次大会是翻译教育界、出版界和产业界第一次共商发展翻译教育大计的会议，引起各方高度关注。大家积极探讨合作的可能性，以共同打造翻译教育的新平台，培养高素质的专业翻译人才。

2010年

教育质量严格把关
评估方案配套制定

教指委制定合格评估方案。师资培训与中国翻译协会的暑期师资培训合二为一。教指委积极推动跟语言服务行业的合作。

南京大学和上海外国语大学通过选拔成为全国研究生专业学位综合改革试点单位。

全国翻译硕士教指委 2010 年主任工作会议

2010 年 1 月 18 日，全国翻译硕士教指委在广州召开主任工作会议，启动新增培养单位申报与现有培养单位合格评估方案的制定，专业评估有上有下，对不合格者给予警告。

▲全国翻译硕士教指委 2010 年主任工作会议现场

▲全国翻译硕士教指委 2010 年主任工作会议专家合影

全国翻译硕士教指委 2010 年年会暨扩大会议
全国翻译硕士教指委 2010 年工作会议

▼全国翻译硕士教指委 2010 年年会参会专家合影

2010 年 3 月 12 日，全国翻译硕士教指委 2010 年年会暨扩大会议在洛阳解放军外国语学院召开。教指委委员和来自全国 40 家 MTI 试点培养单位的负责人、相关出版机构和翻译相关企业代表共近 150 人参加了会议。

▲全国翻译硕士教指委 2010 年年会开幕式

▲全国翻译硕士教指委 2010 年年会闭幕式

　　2010 年 3 月 13 日，全国翻译硕士教指委在洛阳召开了全体会议，国务院学位办唐继卫处长和朱瑞及全体教指委委员参会。唐继卫处长介绍了专业学位制度与招生制度改革的思路，希望全国翻译硕士教指委组织单独的入学考试，加大学校的复试力度，以专业技能考核为主，并由教指委制定新增培养单位的准入标准和培养评估标准。

▲ 全国翻译硕士教指委 2010 年工作会议专家合影

▲ 全国翻译硕士教指委 2010 年工作会议现场

2010 年翻译硕士专业学位试点单位评估方案研讨会

2010 年 4 月 15 日，全国翻译硕士教指委在广州举行翻译硕士专业学位试点单位评估方案研讨会，讨论了翻译硕士专业学位试点单位评估方案框架。

▲ 2010 年翻译硕士专业学位试点单位评估方案研讨会现场

研究生专业学位教育综合改革试点
申报单位答辩会议

2010 年 6 月 29 日，教育部在北京召开研究生专业学位教育综合改革试点申报单位答辩会议。学位办主任张尧学指出，教育部党组非常重视专业学位教育，这也是今年第 27 次国务院学位委员会会议的主要议题。出于国家社会经济发展的需要，转型阶段需要大批有专门知识的专业人士，而目前的教育方式不能满足需要。边缘化、学术化、研究化和培训化的四化现象普遍存在。要大力推进研究生培养机制改革，新增 19 个专业学位，逐步推进模式改革。教育部通过申请答辩，挑选了 60 所高校进行改革试点，翻译硕士专业有南京大学和上海外国语大学参加试点。

2010 年暑期全国高等院校翻译专业师资培训

2010 年 7 月 13 日至 21 日，由中国翻译协会和全国翻译硕士专业学位教育指导委员会主办的 2010 年暑期全国高等院校翻译专业师资培训（第三届全国 MTI 师资研讨班）在北京外国语大学举行。参加师资研讨班的学员近 300 人。培训采用学术报告、互动课堂、观摩录像、观摩课堂、教学汇报、示范演示、专题讲座、小组讨论、专业座谈等多种形式。为期 9 天的培训紧张而又内容丰富，形式灵活，学员们普遍反映良好。

◀2010 年暑期全国高等院校翻译专业师资培训笔译班课堂

◀2010 年暑期全国高等院校翻译专业师资培训口译班课堂

◀2010 年暑期全国高等院校翻译专业师资培训结业典礼

2010（年）中国国际语言服务行业大会
暨大型国际活动语言服务研讨会

2010 年 9 月 26 日至 27 日，由中国翻译协会和北京市外办联合主办的 2010（年）中国国际语言服务行业大会暨大型国际活动语言服务研讨会在京隆重举行。中国翻译协会常务副会长郭晓勇、唐闻生、施燕华、赵常谦，部分在京的副会长、常务理事出席了研讨会，同时来自全国各地的 100 多家国内外著名语言服务企业的负责人、政府代表、大型国际活动组织方负责人也参加了会议。会议围绕语言服务行业的发展趋势、人才培养，以及如何更好地为我国的改革开放和经济、文化"走出去"提供语言服务支持等进行了深入的探讨和交流。

▲ 2010（年）中国国际语言服务行业大会暨大型国际活动语言服务研讨会现场

2011 艺术

教指委换届再出发
产学合作与时俱进

全国 19 个专业学位教指委换届，第二届全国
翻译教指委成立。第二届全国翻译教指委学术
委员会成立。教指委对两个改革试点单位开展
评估。

教指委颁布《全国翻译专业学位研究生教育兼
职教师认证规范》和《全国翻译专业学位研究
生教育实习基地（企业）认证规范》，进一步
推动建章立制工作。

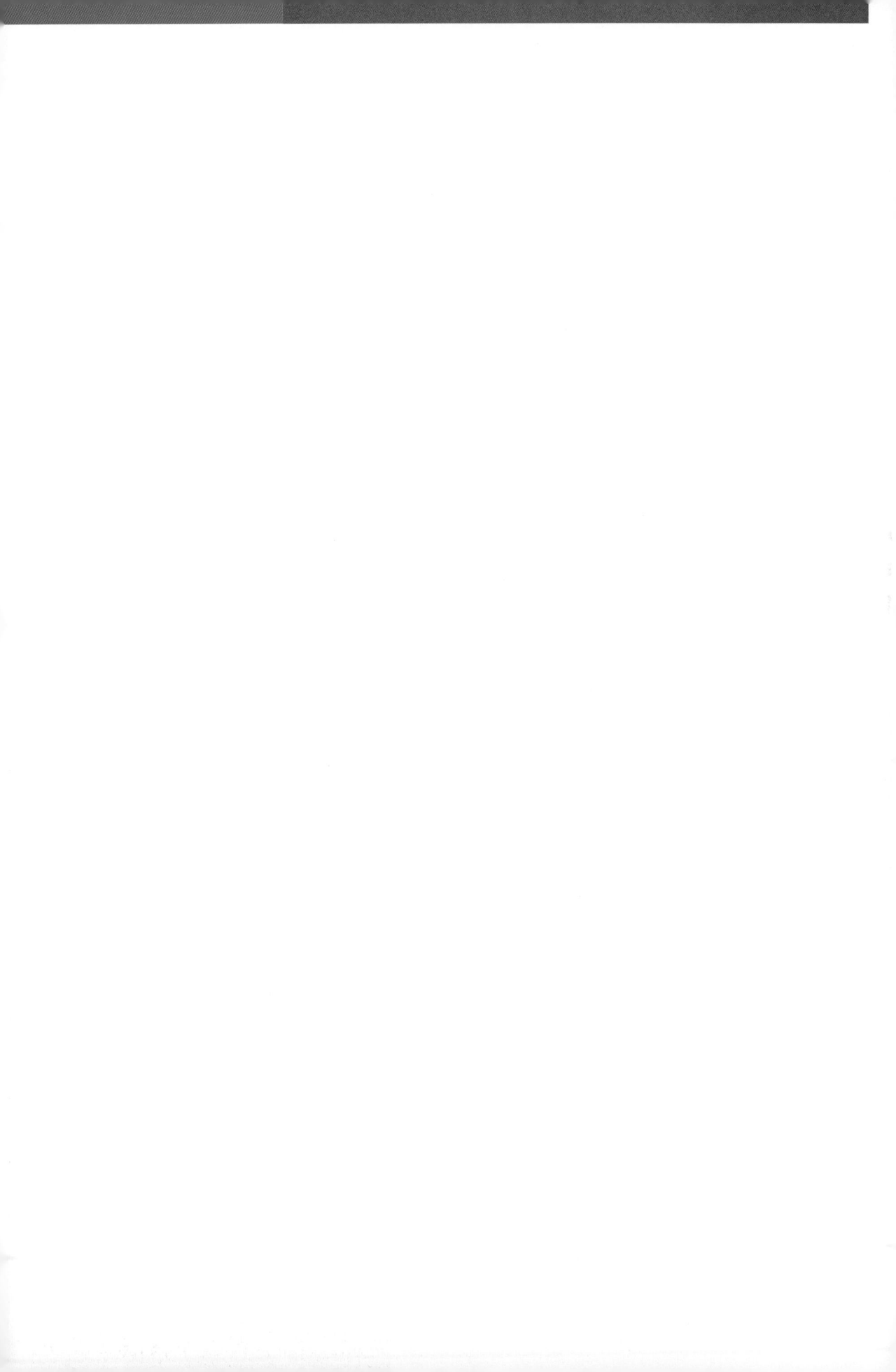

全国翻译硕士教指委 2011 年第一次工作会议

2011 年 1 月 12 日，全国翻译硕士教指委秘书处年度第一次工作会议在广州召开。会议讨论了 2010 年教指委工作总结和 2011 年工作计划。根据学位办〔2010〕20 号《关于开展新增硕士专业学位授权点审核工作的通知》精神，今后各校申请设立 MTI 培养点的工作，主要由省级教育主管部门统筹和自行审核新增硕士专业学位授权点，经上述程序审核后，报国务院学位委员会办公室审批。因此，各校需根据自身办学条件和所在地区市场需求等，确定所开办的 MTI 语种与方向。全国翻译硕士教指委则根据评估和管理办法，负责安排教学评估，并向学位办和教育部汇报评估结果。

全国金融等专业学位研究生教育指导委员会成立会议

2011 年 3 月 18 日，国务院学位委员会、教育部、人力资源和社会保障部在京联合召开全国金融等专业学位研究生教育指导委员会成立会议。会议为 29 个专业指导委员会委员颁发了聘书。

▲ 全国金融等专业学位研究生教育指导委员会成立会议现场

国务院学位委员会　教育部　人力资源和社会保障部关于成立全国金融等专业学位研究生教育指导委员会的通知

学位〔2011〕3号

有关单位：

国务院学位委员会第 27 次会议审议通过了金融硕士等 19 种专业学位设置方案，决定在我国新增金融硕士等 19 种专业学位。为加强对专业学位研究生教育的规范管理，促进专业学位研究生教育的健康、有序发展，国务院学位委员会、教育部、人力资源和社会保障部决定成立全国金融等专业学位研究生教育指导委员会。同时，根据专业学位研究生教育指导委员会章程规定，对法律等任期已满的专业学位研究生教育指导委员会进行换届。

全国专业学位研究生教育指导委员会是在国务院学位委员会、教育部、人力资源和社会保障部指导下的全国专业学位研究生教育的专业性组织。其主要职能是：贯彻执行国家有关政策和规定，指导制定培养方案，组织编写教学大纲、教材、案例等，制定评估标准、评估程序和办法，组织开展评估工作，组织师资培训，开展专门研究，加强培养单位与实际部门联系，促进国际交流与合作，保证培养质量，推动我国专业学位研究生教育的顺利发展和教育水平的不断提高。

全国专业学位研究生教育指导委员会成员是在有关单位推荐的基础上，由国务院学位委员会、教育部、人力资源和社会保障部选聘。请各有关单位积极支持他们的工作。

附件：全国金融等专业学位研究生教育指导委员会成员名单

国务院学位委员会　教育部　人力资源和社会保障部
二〇一一年一月三十日

全国翻译专业学位研究生教育指导委员会成员名单
（第二届）

主任委员：

黄友义　中国外文出版事业发行局　　　　　副局长

副主任委员：

何其莘　北京外国语大学　　　　　　　　　教授
仲伟合　广东外语外贸大学　　　　　　　　校长
许　钧　南京大学研究生院　　　　　　　　常务副院长

委员（按姓氏笔画排列）：

马秋武　同济大学　　　　　　　　　　　　教授
王立弟　北京外国语大学　　　　　　　　　教授
王宏印　南开大学　　　　　　　　　　　　教授
平　洪　广东外语外贸大学　　　　　　　　教授
何刚强　复旦大学　　　　　　　　　　　　教授
李　力　西南大学　　　　　　　　　　　　教授
李绍山　解放军外国语学院　　　　　　　　教授
杨英姿　中国外文出版事业发行局人事部　　副主任
杨信彰　厦门大学　　　　　　　　　　　　教授
呼宝民　中国外文出版事业发行局　　　　　社长
胡开宝　上海交通大学　　　　　　　　　　教授
柴明颎　上海外国语大学　　　　　　　　　教授
屠国元　中南大学　　　　　　　　　　　　教授
程朝翔　北京大学　　　　　　　　　　　　教授
蒋洪新　湖南师范大学　　　　　　　　　　教授

秘书长：

平　洪（兼）

国务院学位委员会
教　　育　　　　部文件
人力资源和社会保障部

学位〔2011〕3 号

国务院学位委员会 教育部 人力资源和社会保障部
关于成立全国金融等专业学位研究生
教育指导委员会的通知

有关单位：

　　国务院学位委员会第 27 次会议审议通过了金融硕士等 19 种专业学位设置方案，决定在我国新增金融硕士等 19 种专业学位。为加强对专业学位研究生教育的规范管理，促进专业学位研究生教育的健康、有序发展，国务院学位委员会、教育部、人力资源和社会保障部决定成立全国金融等专业学位研究生教育指导委员会。同时，根据专业学位研究生教育指导委员会章程规定，对法律等任期已满的专业学位研究生教育指导委员会进行换届。

　　全国专业学位研究生教育指导委员会是在国务院学位委员会、教育部、人力资源和社会保障部指导下的全国专业学位研究生教育的专业性组织。其主要职能是：贯彻执行国家有关政策和规定，指导制定培养方案，组织编写教学大纲、教材、案例等，制定评估标准、评估程序和办法，组织开展评估工作，组织师资培训，开展专门研究，加强培养单位与实际部门联系，促进国际交流与合作，保证培养质量，推动我国专业学位研究生教育的顺利发展和教育水平的不断提高。

　　全国专业学位研究生教育指导委员会成员是在有关单位推荐的基础上，由国务院学位委员会、教育部、人力资源和社会保障部选聘，请各有关单位积极支持他们的工作。

　　附件：全国金融等专业学位研究生教育指导委员会成员名单

国务院学位委员会　教育部　人力资源和社会保障部

二〇一一年一月三十日

抄送：有关部委；全国金融等专业学位研究生教育指导委员会委员

- 2 -

附件 13：

第二届全国翻译专业学位研究生教育指导委员会

主任委员

黄友义	中国外文出版事业发行局	副局长

副主任委员

何其莘	北京外国语大学	教授
仲伟合	广东外语外贸大学	校长
许　钧	南京大学研究生院	常务副院长

委　员　（按姓氏笔画排列）

马秋武	同济大学	教授
王立弟	北京外国语大学	教授
王宏印	南开大学	教授
平　洪	广东外语外贸大学	教授
何刚强	复旦大学	教授
李　力	西南大学	教授
李绍山	解放军外国语学院	教授
杨英姿	中国外文出版事业发行局人事部	副主任
杨信彰	厦门大学	教授

- 25 -

呼宝民	外文出版社	社长
胡开宝	上海交通大学	教授
柴明颎	上海外国语大学	教授
屠国元	中南大学	教授
程朝翔	北京大学	教授
蒋洪新	湖南师范大学	教授

秘书长

平　洪（兼）	

- 26 -

关于成立全国翻译专业学位研究生
教育指导委员会学术委员会的通知
（第二届）

为加强全国翻译硕士专业学位（MTI）教育的教学与科研工作，促进高端翻译人才培养，提高培养质量，决定成立全国翻译硕士专业学位教育指导委员会学术委员会。

学术委员会在全国 MTI 教指委主任委员的领导下开展工作，其主要职能为：

（1）负责全国 MTI 教育的科研与学术交流工作；

（2）开展与 MTI 教学与科研有关的项目评审；

（3）组织全国性或国际学术研讨会；

（4）积极参与教材建设、课程建设与师资队伍建设；

（5）开拓与境外、国外相关院校与科研机构、团体的科研合作和学术交流；

（6）组织优秀学位论文的评选。

学术委员会设主任 1 名，副主任 2 名，委员若干名。

主任委员：

| 许 钧 | 南京大学 | 教授 |

副主任委员：

| 穆 雷 | 广东外语外贸大学 | 教授 |
| 谢天振 | 上海外国语大学 | 教授 |

委 员：

王东风	中山大学	教授
廖七一	四川外国语大学	教授
刘和平	北京语言大学	教授
杨 平	中国翻译协会	常务副主编
姜永刚	中国翻译协会	副秘书长

全国翻译硕士专业学位教育指导委员会

2011 年 3 月 15 日

全国翻译硕士教指委 2011 年工作会议
全国翻译硕士教指委 2011 年年会暨扩大会议

2011 年 3 月 24 日，全国翻译硕士教指委委员工作会议和教指委全体会议在厦门召开，会议讨论了翻译教学与翻译企业合作相关管理条例、MTI 教学评估方案、教指委章程修改、指导性培养方案和考试大纲的修改，以及 2011 年师资培训方案等。2011 年 3 月 25 日，全国翻译硕士教指委 2011 年年会暨扩大会议召开，来自全国 158 个 MTI 培养院校的 300 多名代表参加了会议。国务院学位办唐继卫处长做了"更新教育理念，转变培养模式，培养创新人才"的报告。一是回顾了我国专业学位研究生教育发展，重点强调近年来出现的两大转变，即加快从以学术型人才培养为主向学术型与应用型人才培养并重转变，加快硕士研究生教育从以学术型为主向以应用型为主转变。二是总结了过去 20 年专业学位研究生教育发展存在的主要问题、误区和经验。三是探讨了下一阶段专业学位研究生教育的主要工作，即：推进专业学位研究生招生制度改革；继续支持有关高等学校做好专业学位研究生教育综合改革试点工作；加强与部委行业的紧密联系，积极推动专业学位与职业资格证书的有机衔接；充分发挥专业学位教育指导委员会职能，进一步研究完善专业学位研究生培养方案，指导有关单位在专业学位研究生培养目标和教学理念的确立、质量标准的设置等方面与相应职业人才评价标准实现有机衔接。最后，唐处长提出对学位授予单位的要求——"专业化"，即：（1）建立专业化的管理队伍和管理制度；（2）完善专业化的培养方案、教学要求；（3）形成专业化的师资队伍和考核办法；（4）构建专业化的自我约束和评价体系。

▲全国翻译硕士教指委 2011 年年会暨扩大会议全体参会代表合影

委员会 2011 年 年 会 暨 扩 大 会 议
2011年3月 厦门

▲全国翻译硕士教指委 2011 年年会暨扩大会议会场

▲全国翻译硕士教指委 2011 年年会暨扩大会议开幕式

▲ 全国翻译硕士教指委 2011 年委员工作会议现场 1

▲ 全国翻译硕士教指委 2011 年委员工作会议现场 2

全国翻译硕士教指委评估委员会
第一次工作会议

2011 年 5 月 10 日，国务院学位办下发了《关于委托开展专业学位研究生教育综合改革试点工作检查的函》。为了做好对上海外国语大学和南京大学两家改革试点单位的工作检查，并为今后逐步推开的 MTI 试点单位评估工作做好准备，评估委员会于 2011 年 6 月 4 日至 6 日在湖南长沙召开了第一次工作会议。

2011 年暑期全国高等院校翻译专业师资培训

2011 年 7 月 16 日，由中国翻译协会与全国翻译专业学位研究生教育指导委员会共同组织的 2011 年暑期全国高等院校翻译专业师资培训在北京第二外国语学院举行。7 月 26 日，全国翻译专业教育与翻译产业发展论坛在北京第二外国语学院举行。该论坛由中国翻译协会与全国翻译专业学位研究生教育指导委员会联合主办。来自全国各地的近 200 名高校翻译专业教师和翻译产业界的代表参加了此次论坛。论坛上发布了由两个单位联合制定的《全国翻译专业研究生教育实习基地（企业）认证规范》和《全国翻译专业研究生教育兼职教师认证规范》。

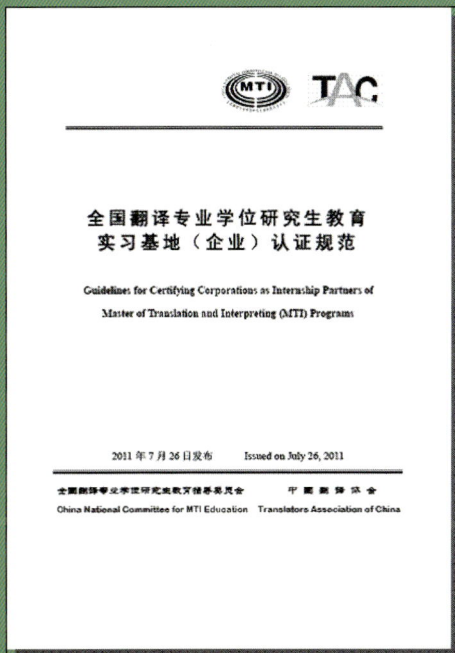

▲《全国翻译专业研究生教育实习基地（企业）认证规范》封面

▲《全国翻译专业研究生教育兼职教师认证规范》封面

▲国务院学位委员会办公室、教育部学位管理与研究生教育司专业学位研究生教育处处长黄宝印做主旨发言

▲ 2011 年暑期全国高等院校翻译专业师资培训现场

2012年

评估工作稳中有序
质量管理实为要义

翻译硕士专业学位教学合格评估启动。

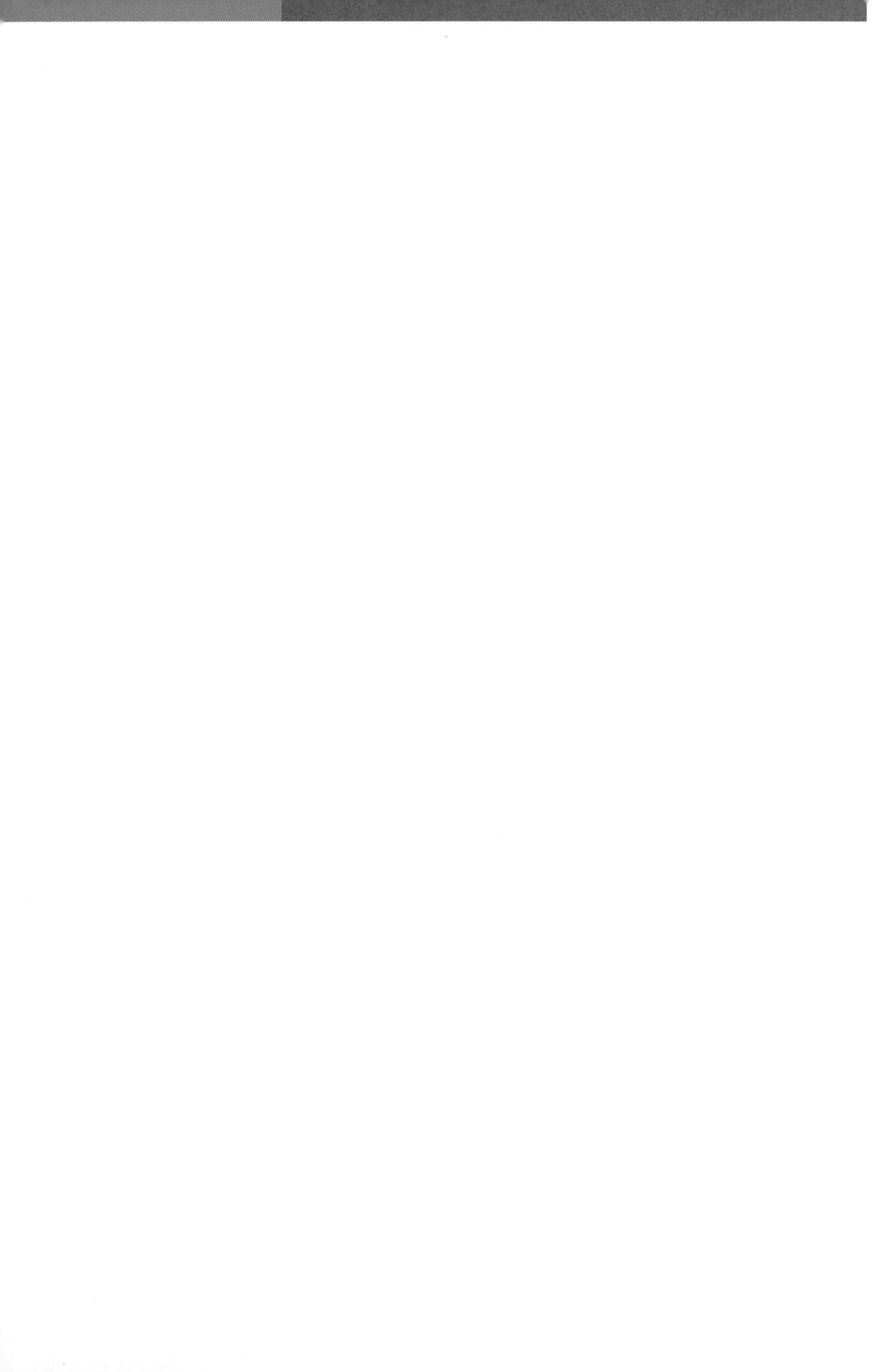

全国翻译教指委 [1] 2012 年工作会议
全国翻译专业学位研究生教育 2012 年年会

2012 年 3 月 29 日至 30 日，由全国翻译专业学位研究生教育指导委员会主办、西南大学承办的全国翻译教指委 2012 年工作会议和全国翻译专业学位研究生教育 2012 年年会在重庆西南大学召开。会议共邀请了全国 159 所 MTI 试点培养院校的代表参加，会议议题涉及 MTI 教育中的关键方面和现实挑战，是我国 MTI 教育进入新的发展阶段的一次重要会议。

▲全国翻译专业学位研究生教育 2012 年年会开幕式

1　自 2011—2012 年起，"全国翻译硕士教指委"因全国翻译专业学位研究生教育指导委员会（第二届）的成立，在本书中的简称改为"全国翻译教指委"，去掉了"硕士"二字。在机构新老交替过程中，部分其他相关名称也有所变化，不再一一说明。——编者注

▲ 全国翻译专业学位研究生教育 2012 年年会合影

教育 2012 年 年 会 合 影
重庆·西南大学 2012年3月

▲ 全国翻译教指委 2012 年工作会议现场

▲ 全国翻译教指委 2012 年工作会议合影

翻译硕士专业学位第一批培养院校教学评估工作会议

在中国翻译硕士专业学位（MTI）教育走过五年之际，国务院学位办于 2012 年 9 月正式下发《关于开展翻译硕士专业学位教学合格评估（第一批院校）工作的通知》，委托全国翻译专业学位研究生教育指导委员会对中国高校 MTI 教育进行评估。为保障评估工作顺利进行，9 月 15 日，全国 MTI 第一批培养院校教学评估工作会议在广东外语外贸大学举行。全国翻译专业学位研究生教育指导委员会委员和学界专家，以及来自全国 15 所第一批培养院校的领导和教学管理人员齐聚一堂，对评估工作展开了深入交流。会议取得了丰硕的成果。

▲ 专家组在 2012 年工作会议上讨论评估工作程序

2013 年

培养成果来之不易
经验得失总结出新

第一批翻译专业硕士培养院校评估结束。

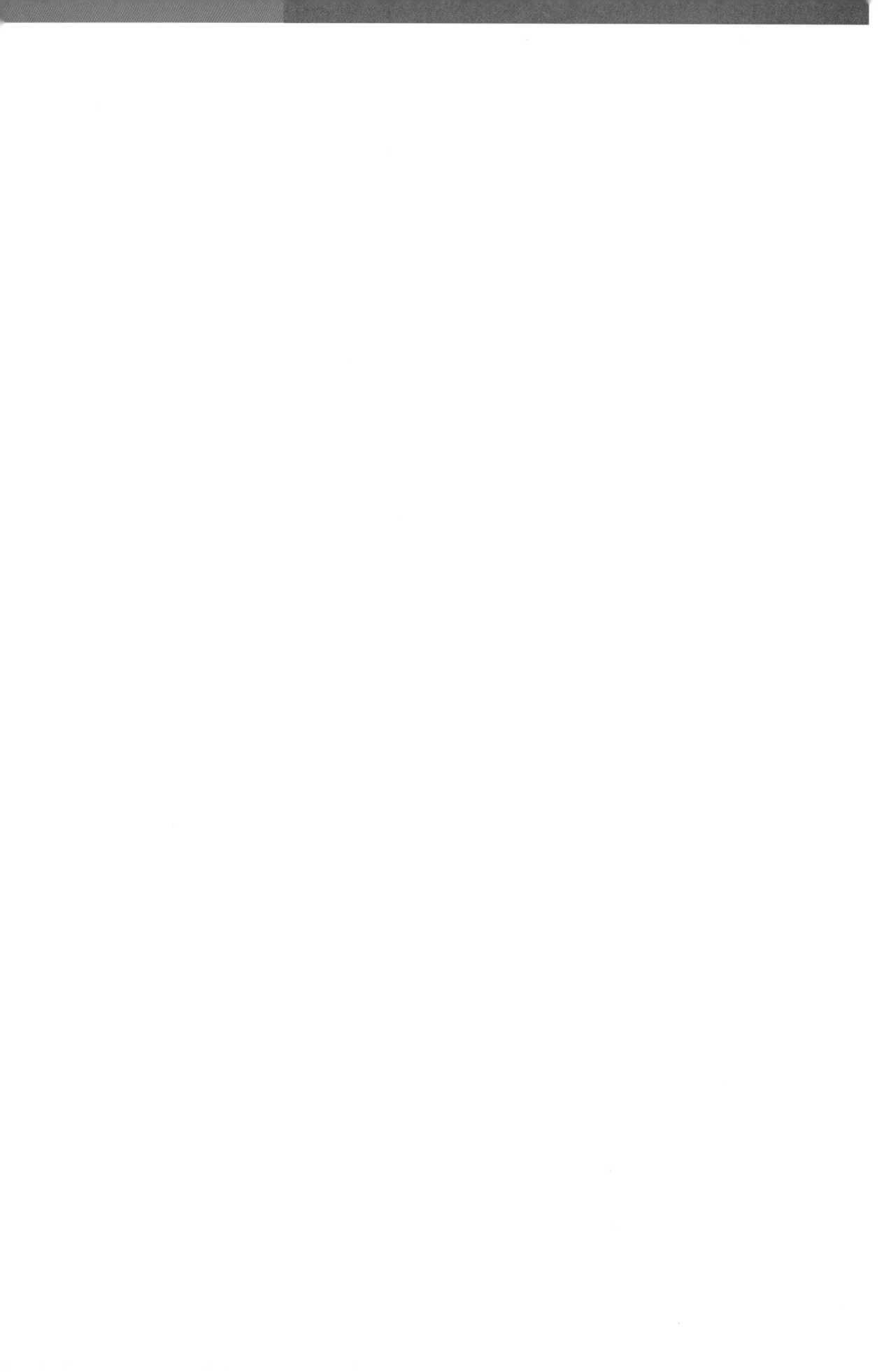

全国翻译教指委 2013 年工作会议
全国翻译专业学位研究生教育 2013 年年会

2013 年 5 月 3 日，全国翻译教指委 2013 年工作会议在开封河南大学举行。会议主要审议了对第一批翻译专业硕士培养院校评估的情况，听取了关于本次评估工作的说明。随后，各评估小组组长汇报了进校评估的情况。主任委员和评估专家认真分析了第一批培养院校五年来办学的成绩和薄弱环节，指出问题主要集中在培养理念、学生实习基地建设、课程设置、兼职教师队伍建设等方面。

▲ 全国翻译教指委 2013 年工作会议合影

　　5 月 4 日，由全国翻译教指委主办、河南大学承办的全国翻译专业学位研究生教育 2013 年年会在开封召开。国务院学位办副主任孙也刚，学位办专业学位研究生教育处陆敏，全国翻译专业学位研究生教育指导委员会主任委员黄友义，副主任委员何其莘、仲伟合，秘书长平洪，全体教指委委员，以及来自全国 159 所 MTI 培养院校和翻译企业的代表约 300 人出席了会议。

▲ 全国翻译专业学位研究生教育 2013 年年会合影

▲全国翻译专业学位研究生教育 2013 年年会开幕式

2014年

创新人才培养模式
提升人才培养质量

翻译博士专业学位设置首次论证会召开。

全国翻译教指委 2014 年工作会议
全国翻译专业学位研究生教育 2014 年年会

2014 年 3 月 29 日，由全国翻译专业学位研究生教育指导委员会主办、河北师范大学承办的全国翻译专业学位研究生教育 2014 年年会在河北师范大学百年印象国际学术交流中心隆重举行。本次会议的主题为"创新人才培养模式，提升人才培养质量"。来自全国 170 余所院校的 360 余名代表汇聚一堂，共同研讨翻译专业学位研究生教育的改革与发展。

▶ 全国翻译教指委 2014 年工作会议现场

▶ 全国翻译专业学位研究生教育 2014 年年会开幕式

第一次翻译博士专业学位（DTI）设置论证会

2014 年 4 月 9 日，来自政府翻译主管部门、语言服务业、翻译教学单位及翻译学术研究领域的十余位专家齐聚广东外语外贸大学，共同商讨翻译博士专业学位（DTI, Doctor of Translation and Interpreting）教育的发展大计。来自政、产、学、研四个领域的与会专家对 DTI 设置的必要性达成了统一意见，并指出 DTI 设置还需要进行多次论证。此次 DTI 专家论证会对翻译专业教育的未来发展做出了积极而有益的探索，对于我国翻译专业教育体系的完善也起到了巨大推动作用。

▲第一次翻译博士专业学位（DTI）设置论证会（讨论会）现场

▲第一次翻译博士专业学位（DTI）设置论证会（讨论会）专家合影

2015 春

建章立制规范管理
深化改革特色明晰

加强质量控制，提升 MTI 办学水平。

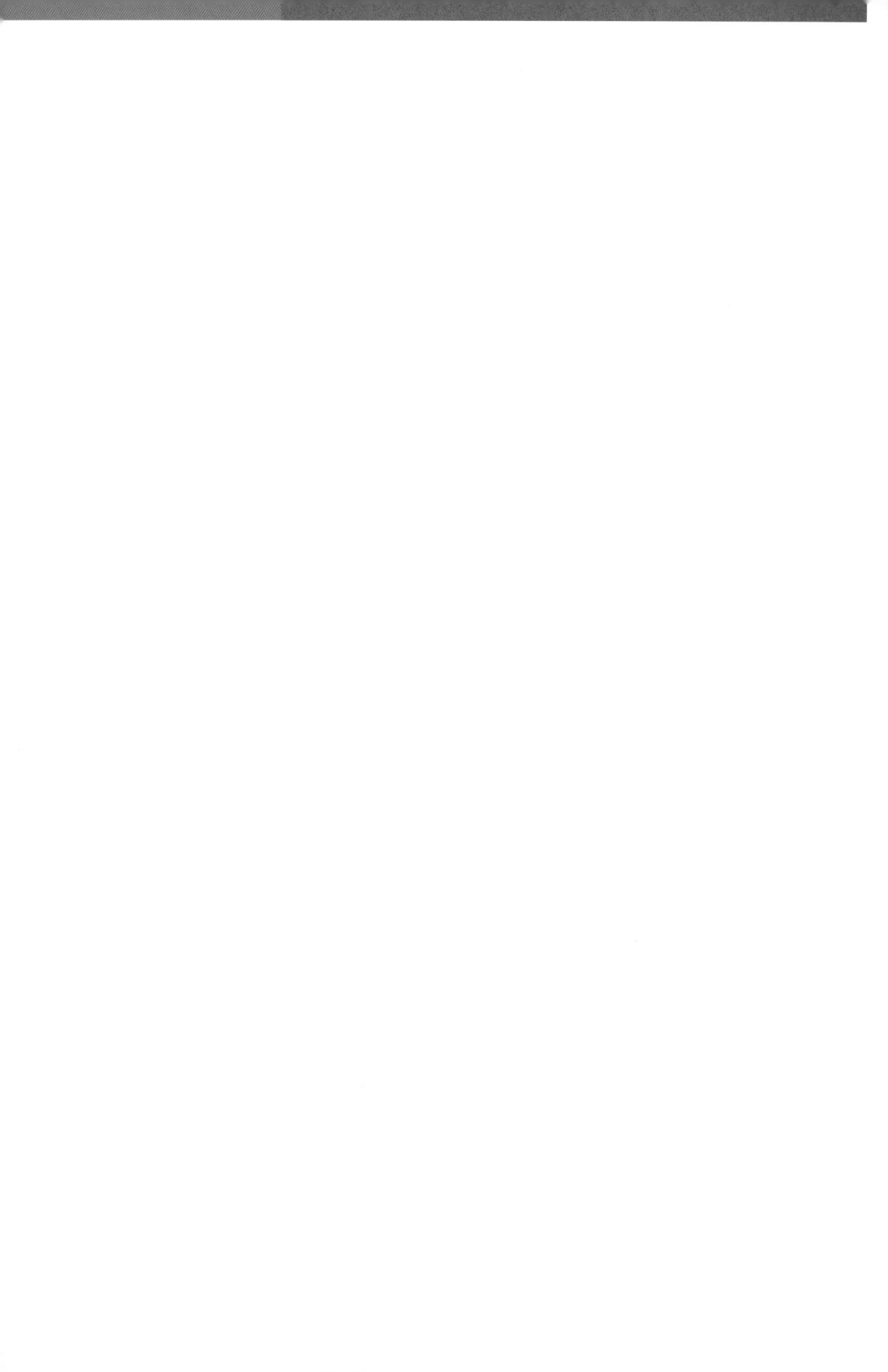

全国翻译教指委 2015 年工作会议
全国翻译专业学位研究生教育 2015 年年会

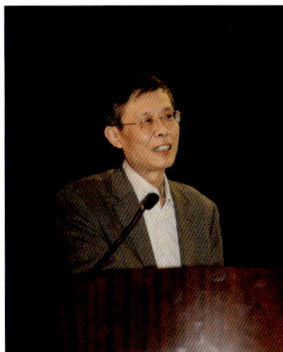

▲国务院学位办副主任李军在年会上作主旨发言

2015 年 4 月 10 日至 12 日，由全国翻译专业学位研究生教育指导委员会主办，南京师范大学承办的全国翻译教指委 2015 年工作会议及全国翻译专业学位研究生教育 2015 年年会在南京师范大学仙林校区召开。本次教指委工作会议由三个阶段会议组成，重点探讨 MTI 专项评估工作。年会以"加强质量控制，提升 MTI 办学水平"为主题，聚焦 MTI 教育的改革与发展，全国翻译教指委各位委员和全国高校翻译硕士培养单位负责人共约 450 人参加了会议。

▲全国翻译教指委 2015 年工作会议合影

▲ 全国翻译专业学位研究生教育 2015 年年会开幕式

▲ 全国翻译专业学位研究生教育 2015 年年会分论坛现场

第七届中国翻译职业交流大会

2015 年 6 月 6 日，由中国翻译协会指导、博雅翻译文化沙龙主办、河北大学外国语学院与知识产权出版社联合承办的第七届中国翻译职业交流大会在河北大学举行。中国译协常务副会长兼秘书长、中国外文局副局长、中国翻译研究院执行院长王刚毅，河北大学副校长申世刚，河北省科协副主席郑丽萍，全国翻译专业教育研究生教育指导委员会秘书长平洪，知识产权出版社副社长李程，中国翻译协会副秘书长、《中国翻译》执行主编杨平等国内外知名学者、政府职能部门负责人、行业协会代表、高校及翻译与本地化企业的 400 余名代表参加了会议。

▲ 2015 年第七届中国翻译职业交流大会合影

2016 册

教指委重任再传承
培养改革渐入佳境

深化综合改革，提高培养质量。以质量为核心，
推动 MTI 内涵发展。

全国 28 个专业学位教指委换届，第三届翻译
专业教育研究生指导委员会成立。

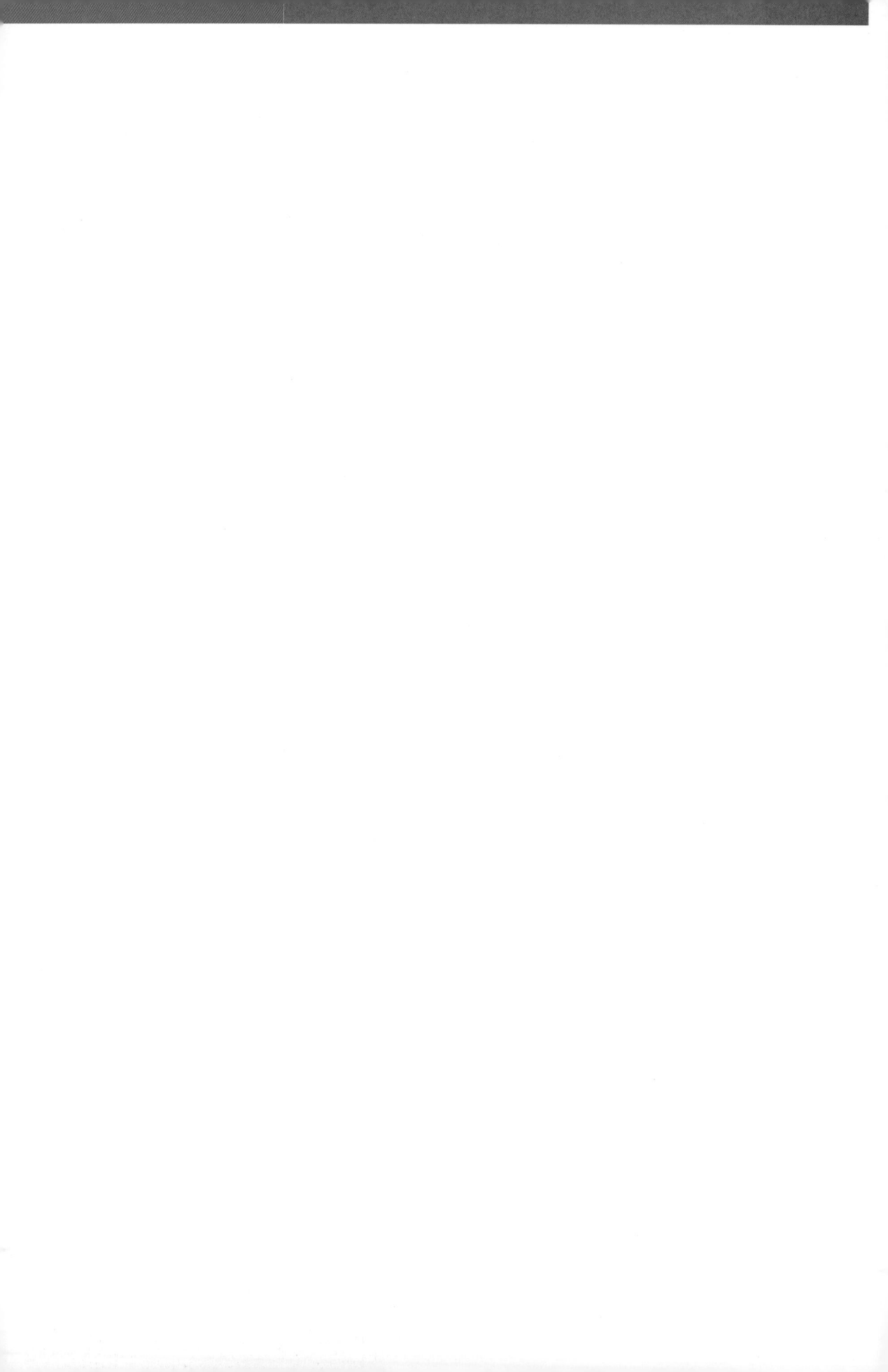

全国翻译教指委 2016 年工作会议
全国翻译专业学位研究生教育 2016 年年会

2016 年 5 月 20 日至 21 日，由全国翻译专业学位研究生教育指导委员会、中国学位与研究生教育学会翻译专业学位工作委员会主办，宁波大学承办的全国翻译教指委 2016 年工作会议及全国翻译专业学位研究生教育 2016 年年会在宁波大学召开。年会以"深化综合改革，提高培养质量"为主题，聚焦 MTI 教育的改革与发展。国务院学位委员会办公室暨教育部学位管理与研究生教育司研究生培养处处长唐继卫，全国 MTI 教育指导委员会副主任委员仲伟合教授，副主任委员何其莘教授，教指委秘书长平洪教授，宁波大学校长沈满洪教授，教指委委员、宁波大学外国语学院院长屠国元教授，全国翻译硕士教指委各位委员，全国翻译硕士培养单位负责人及业界代表近 500 人参加了此次会议。

▲ 全国翻译教指委 2016 年工作会议合影

▼ 全国翻译专业学位研究生教育 2016 年年会现场

国务院学位委员会 教育部 人力资源和社会保障部 关于全国金融等 28 个专业学位研究生教育 指导委员会换届的通知

学位〔2016〕12 号

各省、自治区、直辖市学位委员会、教育厅（教委）、人社厅（局），新疆生产建设兵团教育局、人社局，有关部门（单位）教育（人事）司（局），中国社会科学院研究生院，中共中央党校学位评定委员会，中国人民解放军学位委员会，教育部直属各高等学校：

根据《专业学位研究生教育指导委员会工作规程》（学位〔2011〕65 号），现对任期已满的全国金融等 28 个专业学位研究生教育指导委员会（以下简称教指委）进行换届。各教指委换届后的人员组成见附件。

请有关单位积极支持教指委及其委员的工作。

附件：全国金融等 28 个专业学位研究生教育指导委员会成员名单

国务院学位委员会 教育部 人力资源和社会保障部

2016 年 6 月 14 日

全国翻译专业学位研究生教育指导委员会成员名单
（第三届）

主任委员：

黄友义　中国外文局　　　　　　　国务院学位委员会委员

副主任委员：

仲伟合　广东外语外贸大学　　　　校长

许　钧　南京大学　　　　　　　　教授

蒋洪新　湖南师范大学　　　　　　校长

贾文键　北京外国语大学　　　　　副校长

委员（按姓氏笔画排列）：

马秋武　同济大学　　　　　　　　教授

王传英　南开大学　　　　　　　　教授

文　旭　西南大学　　　　　　　　教授

卢丽安　复旦大学　　　　　　　　教授

严　明　黑龙江大学　　　　　　　教授

李清平　中南大学　　　　　　　　教授

李西斌　新疆维吾尔自治区学位办　主任

杨　平　《中国翻译》　　　　　　执行主编

杨连瑞　中国海洋大学　　　　　　教授

闵　艺　中国外文局人事部　　　　主任

张龙海　厦门大学　　　　　　　　教授

赵军峰　广东外语外贸大学　　　　教授

胡开宝　上海交通大学　　　　　　教授

俞洪亮　扬州大学　　　　　　　教授
柴明颎　上海外国语大学　　　　教授
党争胜　西安外国语大学　　　　教授
秦　和　吉林华桥外国语学院　　院长
程朝翔　北京大学　　　　　　　教授
韩子满　解放军外国语学院　　　教授

秘书长：

赵军峰〔兼〕

国务院学位委员会
教　　育　　　　部 文件
人力资源社会保障部

学位〔2016〕12 号

___

国务院学位委员会 教育部 人力资源社会保障部
关于全国金融等 28 个专业学位研究生
教育指导委员会换届的通知

各省、自治区、直辖市学位委员会、教育厅（教委）、人社厅（局），新疆生产建设兵团教育局、人社局，有关部门（单位）教育（人事）司（局），中国社会科学院研究生院，中共中央党校学位评定委员会，中国人民解放军学位委员会，教育部直属各高等学校：

根据《专业学位研究生教育指导委员会工作规程》（学位〔2011〕65 号），现对任期已满的全国金融等 28 个专业学位研究生

— 1 —

教育指导委员会（以下简称教指委）进行换届。各教指委换届后的人员组成见附件。

请有关单位积极支持教指委及其委员的工作。

附件：全国金融等 28 个专业学位研究生教育指导委员会成员名单

2016 年 6 月 14 日

抄送：全国社会工作专业学位研究生教育指导委员会，全国工程专业学位研究生教育指导委员会

— 2 —

全国翻译专业学位研究生教育指导委员会

主任委员

黄友义	中国外文局	国务院学位委员会委员

副主任委员

仲伟合	广东外语外贸大学	校长
许 钧	南京大学	教授
蒋洪新	湖南师范大学	校长
贾文键	北京外国语大学	副校长

委 员　（按姓氏笔画排列）

马秋武	同济大学	教授
王传英	南开大学	教授
文 旭	西南大学	教授
卢丽安	复旦大学	教授
严 明	黑龙江大学	教授
李清平	中南大学	教授
李西斌	新疆自治区学位办	主任
杨 平	《中国翻译》	执行主编
杨连瑞	中国海洋大学	教授
闫 艺	中国外文局人事部	主任
张龙海	厦门大学	教授
赵军峰	广东外语外贸大学	教授
胡开宝	上海交通大学	教授
俞洪亮	扬州大学	教授
柴明颎	上海外国语大学	教授
党争胜	西安外国语大学	教授
秦 和	吉林华桥外国语学院	院长
程朝翔	北京大学	教授
韩子满	解放军外国语学院	教授

秘书长

赵军峰（兼）	

秘书处设在广东外语外贸大学

关于成立全国翻译专业学位教育指导委员会
学术委员会的通知
（第三届）

为加强全国翻译硕士专业学位（MTI）教育的教学与科研工作，促进高端翻译人才培养，提高培养质量，决定成立全国翻译硕士专业学位教育指导委员会学术委员会。

学术委员会在全国翻译硕士教指委主任委员的领导下开展工作，其主要职能为：

（1）负责全国 MTI 教育的科研与学术交流工作；

（2）开展与 MTI 教学与科研有关的项目评审；

（3）组织全国性或国际学术研讨会；

（4）积极参与教材建设、课程建设与师资队伍建设；

（5）开拓与境外、国外相关院校与科研机构、团体的科研合作和学术交流；

（6）组织优秀学位论文的评选。

学术委员会设主任 1 名，副主任 2 名，委员若干名。

主任委员：

许　钧	南京大学	教授

副主任委员：

修　刚	天津外国语大学	教授
曹卫东	北京体育大学	教授

委员：

姜秋霞	兰州城市学院	教授
李德凤	澳门大学	教授

李正栓	河北师范大学	教授
刘和平	北京语言大学	教授
马博森	浙江大学	教授
穆　雷	广东外语外贸大学	教授
平　洪	广东外语外贸大学	教授
任　文	北京外国语大学	教授
屠国元	宁波大学	教授
王东风	中山大学	教授
谢天振	上海外国语大学	教授
谢旭升	新疆大学	教授
杨俊峰	大连外国语大学	教授
袁筱一	华东师范大学	教授
姜永刚	中国外文出版发行事业局	主任
吴　赟	同济大学	教授
许明武	华中科技大学	教授

秘书长:

穆　雷〔兼〕

全国翻译硕士专业学位教育指导委员会

2016 年 7 月 15 日

第三届全国翻译专业学位研究生教育指导委员会
第一次工作会议

2016 年 8 月 20 日，由全国翻译专业学位研究生教育指导委员会（全国翻译教指委）主办、黑龙江大学承办的第三届全国翻译教指委第一次工作会议在哈尔滨黑龙江大学召开。国务院学位办陆敏处长，黑龙江大学校长何颖教授，第三届教指委主任委员黄友义教授、副主任委员仲伟合教授、许钧教授、蒋洪新教授，第三届教指委全体委员及第二届教指委部分委员出席会议。会议公布了国务院学位委员会、教育部与人力资源和社会保障部关于全国翻译教指委换届的决定，宣布了第三届全国翻译教指委委员名单。陆敏处长和黄友义主任共同为第三届教指委的 24 位委员颁发了聘书。

▲第三届全国翻译教指委第一次工作会议

2016 年全国翻译硕士专业学位教育发展研讨会

2016 年 12 月 10 日，由全国翻译专业学位研究生教育指导委员会、中国学位与研究生教育学会翻译专业学位工作委员会主办，华北水利水电大学承办的 2016 年全国翻译硕士专业学位教育发展研讨会在郑州召开。此次研讨会的主题是"以质量为核心，推动 MTI 内涵发展"，旨在群策群力、齐心协力，总结评估情况，解读评估指标，交流办学经验，明确办学要求。

2017 年

十年育才栉风沐雨
传承创新时代使命

下一个十年：MTI 教育的传承与创新。

第二次翻译博士专业学位设置论证会召开。

全国翻译专业学位研究生教育2017年

全国翻译教指委 2017 年工作会议
全国翻译专业学位研究生教育 2017 年年会
暨翻译硕士专业学位教育十周年纪念大会

2017 年 4 月 14 日至 15 日，由全国翻译专业学位研究生教育指导委员会、中国学位与研究生教育学会翻译专业学位工作委员会主办，同济大学承办的全国翻译教指委 2017 年工作会议和全国翻译专业学位研究生教育 2017 年年会在上海同济大学举行。年会以"下一个十年：MTI 教育的传承与创新"为主题，聚焦 MTI 教育十年的发展之路及对未来 MTI 教育的展望。全国翻译专业学位研究生教育指导委员会主任委员黄友义、全国翻译专业学位研究生教育指导委员会副主任委员仲伟合教授、副主任委员许钧教授、教指委秘书长赵军峰教授、同济大学校长江波教授、第一届教指委委员陈以一教授、穆雷教授、程朝翔教授、第三届全国翻译硕士教指委委员、全国翻译硕士培养单位负责人及业界代表共约 481 人参加了此次会议。

翻译硕士专业学位教育十周年纪念大会

2017年4月 同济大学

▲ 全国翻译专业学位研究生教育 2017 年年会参会专家合影

▲ 全国翻译专业学位研究生教育 2017 年年会现场

第二次翻译博士专业学位（DTI）设置论证会

2017 年 11 月 8 日，根据国务院学位办关于加强博士专业学位论证设置工作、深化专业学位研究生教育改革探索的指示，为推进翻译专业学位研究生教育的发展，全国翻译专业学位研究生教育指导委员会在广东外语外贸大学高级翻译学院会议室举办翻译博士专业学位（DTI）设置论证研讨会。会议由教指委秘书长赵军峰教授主持。

教指委学术委员会秘书长穆雷教授首先汇报了 DTI 设置前期论证调研过程及 2017 版翻译博士专业学位设置方案的修改情况，并转达了教指委副主任委员、学术委员会主任许钧教授对 2017 版 DTI 设置方案的书面意见。教指委主任委员黄友义教授针对 DTI 设置论证研讨工作指出：当前国家中长期教育发展规划对博士专业学位和硕士专业学位发展进行了长远战略布局，表示本届教指委将遵循国务院学位办的指示，多方听取行业专家、教育专家的意见与建议，加强翻译博士专业学位的国际国内调研和论证工作。

2018年

"双一流"建设助发展
专业型博士提草案

"双一流"背景下的翻译硕士教育。

第三次翻译博士专业学位设置论证会召开，设置草案通过修改提交学位办。

全国翻译教指委 2018 年第一次工作会议

　　2018 年 4 月 13 日，由全国翻译教指委主办、扬州大学承办的第三届全国翻译教指委 2018 年第一次工作会议在扬州大学召开。全国翻译教指委主任委员黄友义，副主任委员许钧、仲伟合、蒋洪新、贾文键，第三届教指委委员，学术委员会委员出席会议。

▼全国翻译教指委 2018 年第一次工作会议现场 1

▲ 全国翻译教指委 2018 年第一次工作会议现场 2

全国翻译专业学位研究生教育指导委员会2018年第一次工作会议

中国扬州　2018年04月13日

▲ 全国翻译教指委 2018 年第一次工作会议合影

全国翻译教指委 2018 年第二次工作会议
全国翻译专业学位研究生教育 2018 年年会

在改革开放 40 周年之际，"双一流"建设驶入快车道之时，翻译专业学位研究生教育响应国家号召，积极探索学科"双一流"建设。由全国翻译专业学位研究生教育指导委员会，及中国学位与研究生教育学会翻译专业学位工作委员会主办，内蒙古大学外国语学院承办的全国翻译专业学位研究生教育指导委员会 2018 年工作会议暨全国翻译专业学位研究生教育 2018 年年会于 6 月 9 日在内蒙古大学成功召开。年会以"'双一流'背景下的翻译硕士教育"为主题，聚焦 MTI 教育的改革与发展。国务院学位委员会办公室暨教育部学位管理与研究生教育司研究生培养处副调研员刘帅、全国翻译专业学位研究生教育指导委员会主任委员黄友义、副主任委员仲伟合、副主任委员贾文键、秘书长赵军峰、教指委委员及来自全国 200 余所翻译硕士培养单位的负责人及业界代表 500 余人参加了此次会议。会议主要从政府、学界、业界多维度探讨了翻译硕士教育的发展。

▲ 全国翻译教指委 2018 年第二次工作会议现场

▲ 全国翻译专业学位研究生教育 2018 年年会参会专家合影

▲全国翻译专业学位研究生教育 2018 年年会现场

第三次翻译博士专业学位（DTI）
设置论证会

　　2018 年 11 月 19 日，第三次翻译博士专业学位（DTI）设置论证会在北京国际会议中心召开，全国翻译教指委委员、学术委员及翻译硕士培养院校专家代表共 20 余人参会，与会专家就最新版（2018 年 11 月 18 日）翻译博士专业学位设置草案展开讨论，一致认为有必要设立 DTI 专业学位。专家认为学界和业界对 DTI 期盼已久，DTI 学位对于中国的改革开放和对外传播非常重要。建议由中国翻译协会和中国翻译研究院牵头，构建国家级高层次人才培养体系，以项目为抓手培养人才。

▲第三次翻译博士专业学位（DTI）设置论证会现场 1

▶ 第三次翻译博士专业学位
（DTI）设置论证会现场 2

▶ 第三次翻译博士专业学位
（DTI）设置论证会现场 3

▶ 第三次翻译博士专业学位
（DTI）设置论证会现场 4

2019 年

明晰理念提升能力
聚焦使命改革创新

聚焦新时代翻译人才培养的使命与创新。

▲ 全国翻译专业学位研究生教育 2019 年年会参会专家合影

全国翻译教指委 2019 年工作会议
全国翻译专业学位研究生教育 2019 年年会

在中华人民共和国 70 周年华诞之际，由全国翻译专业学位研究生教育指导委员会、中国学位与研究生教育学会翻译专业学位工作委员会主办，西安外国语大学承办的全国翻译教指委 2019 年工作会议暨全国翻译专业学位研究生教育 2019 年年会于 2019 年 4 月 26 日至 27 日在西安外国语大学召开。年会聚焦新时代翻译人才培养的使命与创新。全国翻译专业学位研究生教育指导委员会主任委员黄友义，副主任委员仲伟合、许钧、蒋洪新、贾文键，陕西省人民政府学位委员会秘书长袁宁，西安外国语大学校长王军哲，教指委秘书长赵军峰，教指委委员及来自全国 200 余所翻译硕士培养单位的负责人及业界代表 500 余人参加了此次会议。会议从多维度探讨了翻译硕士教育的发展。

生 教 育 2019 年 年 会　2019.4.27 西安

▲全国翻译教指委 2019 年工作会议合影

2020年

立德树人服务需求
提高质量追求卓越

应对疫情影响，充分利用网络直播，年会参会人数和观看直播人数创历史新高。

全国翻译专业学位研究生教育 2020 年年会

2020 年 12 月 13 日，由全国翻译专业学位研究生教育指导委员会、中国学位与研究生教育学会翻译专业学位工作委员会举办的全国翻译专业学位研究生教育 2020 年年会在线上召开，会议实况通过网络平台面向社会直播。教育部学位管理与研究生教育司培养处副处长刘帅、全国翻译教指委主任委员黄友义在会上致辞，全国翻译教指委副主任委员仲伟合、副主任委员许钧、秘书长赵军峰及委员闵艺作主旨发言。上午两个环节分别由全国翻译教指委副主任委员贾文键和委员党争胜主持。

▲ 全国翻译专业学位研究生教育 2020 年年会参会专家合影

2021

年

加强外译人才培养
建设国际传播能力

新时代翻译专业教育高质量发展。近年来，全国翻译教指委的工作重心一直围绕下列几个方面开展：提升并保证翻译硕士专业学位的教学质量；开展形式各异的师资培训，编写系列教材；不断深化翻译硕士教学与翻译职业考试对接；持续推进翻译博士专业学位的设置论证工作。

全国翻译专业学位研究生教育指导委员会
第三届主任委员工作扩大会议

　　2021 年 5 月 9 日，全国翻译专业学位研究生教育指导委员会（全国翻译教指委）第三届主任委员工作扩大会议在西安翻译学院召开。全国翻译教指委主任委员黄友义、副主任委员仲伟合及教指委部分委员专家出席了会议。

▼全国翻译教指委第三届主任委员工作扩大会议现场

▲ 全国翻译教指委第三届主任委员工作扩大会议合影

全国翻译教指委 2021 年工作会议
全国翻译专业学位研究生教育 2021 年年会

2021 年 7 月 20 日至 21 日，由全国翻译专业学位研究生教育指导委员会、中国学位与研究生教育学会翻译专业学位工作委员会举办的全国翻译教指委 2021 年工作会议、全国翻译专业学位研究生教育 2021 年年会在吉林外国语大学成功召开，会议主题为"新时代翻译专业教育的高质量发展"。本次会议采用线上线下相结合的方式进行，大会实况通过网络平台面向全社会进行了直播。年会线下参会人数接近 500 人，会议规模为历年之最，直播累计观看人数 3 万多人次。各培养单位教师和行业人士通过线上线下方式积极互动，反响热烈，会议取得圆满成功。

▲ 全国翻译教指委 2021 年工作会议现场

▲全国翻译教指委 2021 年工作会议合影

▲ 国务院学位办刘帅在全国翻译专业学位研究生教育 2021 年年会上致辞

▲ 全国翻译专业学位研究生教育 2021 年年会参会专家合影

▲ 全国翻译专业学位研究生教育 2021 年年会现场

大事记

2006 年

3 月，《教育部关于公布 2005 年度教育部备案或批准设置的高等学校本专科专业结果的通知》发布，正式批准复旦大学、广东外语外贸大学、河北师范大学成为首批试办翻译本科专业的院校。

10 月，首批非全日制研究生参加 GCT 联考，计划于 2008 年春季入学。

11 月，翻译硕士专业学位论证专家小组第一次工作会议在广东外语外贸大学召开。

12 月，翻译硕士专业学位论证专家小组第二次工作会议在上海外国语大学召开。

2007 年

1 月，翻译硕士专业学位论证专家小组第三次工作会议在广东外语外贸大学召开。

1 月，国务院学位委员会第 23 次全体会议讨论通过了翻译硕士专业学位的设置申请。

5 月，首批申请设置翻译硕士培养点的院校在北京参加教育部学位办组织的答辩，15 所院校获得批准。

8 月，《国务院学位委员会　教育部关于成立全国翻译硕士专业学位教育指导委员会的通知》发布，全国翻译硕士专业学位教育指导委员会（第一届）正式成立。

9 月，翻译硕士和汉语国际教育硕士专业学位教指委成立大会在北京召开。

12 月，全国翻译硕士专业学位教材建设研讨会在南京召开。会议确定 MTI 系列教材编委会由 23 位专家组成，何其莘、许钧、仲伟合三位教授担任总主编。

2008 年

3 月，全国翻译硕士专业学位教育指导委员会 2008 年年会在广州召开。

7 月，《翻译硕士专业学位（MTI）入学考试全国联考指南》由外语教学与研究出版社出版。

7 月，第一届全国翻译硕士专业学位（MTI）师资培训班在上海外国语大学举行，来自全国 14 所高校 MTI 试点培养单位和 19 所准备申办 MTI 高校的 57 名教师参加了培训。

9 月，《国务院学位委员会　教育部　人力资源和社会保障部关于翻译硕士专业学位教育与翻译专业资格（水平）证书衔接有关事项的通知》发布，落实专业学位与职业考试的软接轨方案。

2009 年

3 月，全国翻译硕士专业学位（MTI）教指委工作（扩大）会议在长沙举行。会议对 25 个新增培养单位的申请进行了审议。

8 月，第二届全国翻译硕士专业学位（MTI）师资研讨班在广东外语外贸大学举办。

2010 年

1 月，全国翻译硕士教指委在广州召开主任工作会议，启动新增培养单位申报与现有培养单位合格评估方案的制定。

3 月，全国翻译硕士教指委 2010 年年会暨扩大会议在洛阳解放军外国语学院召开。

4 月，全国翻译硕士教指委在广州举行翻译硕士专业学位试点单位评估方案研讨会，讨论了翻译硕士专业学位试点单位评估方案框架。

6 月，教育部在北京召开研究生专业学位教育综合改革试点申报单位答辩会议，翻译硕士专业有南京大学和上海外国语大学参加试点。

7月，2010年暑期全国高等院校翻译专业师资培训（第三届全国 MTI 师资研讨班）在北京外国语大学举行。

2011 年

1月，《国务院学位委员会 教育部 人力资源和社会保障部关于成立全国金融等专业学位研究生教育指导委员会的通知》发布，第二届全国翻译专业学位研究生教育指导委员会正式成立。

3月，全国翻译硕士教指委 2011 年年会暨扩大会议在厦门大学召开。

5月，国务院学位办下发了《关于委托开展专业学位研究生教育综合改革试点工作检查的函》，开展对上海外国语大学和南京大学两家改革试点单位的工作检查。

7月，2011 年暑期全国高等院校翻译专业师资培训在北京第二外国语学院举行。

7月，《全国翻译专业研究生教育实习基地（企业）认证规范》和《全国翻译专业研究生教育兼职教师认证规范》正式发布。

2012 年

3月，全国翻译专业学位研究生教育 2012 年年会在重庆西南大学召开。

9月，国务院学位办《关于开展翻译硕士专业学位教学合格评估（第一批院校）工作的通知》发布，委托全国翻译专业学位研究生教育指导委员会对 2007 年首批 15 所翻译硕士培养院校开展评估。

9月，全国 MTI 第一批培养院校教学评估工作会议在广东外语外贸大学举行。

2013 年

3月，国务院学位办发布通知委托全国各专业学位研究生教育指导委员会开始编写《博士、硕士学位基本要求》，该《要求》将成为研究生培养单位制订各专业学位类别学位授予标准的基本依据。

5月，全国翻译专业学位研究生教育 2013 年年会在开封河南大学召开。

2014 年

3月，全国翻译专业学位研究生教育 2014 年年会在河北师范大学举行。

4月，第一次翻译博士专业学位（DTI）设置论证会在广东外语外贸大学举行。

9月，全国翻译教指委根据国务院学位委员会《关于开展 2014 年学位授权点专项评估工作的通知》精神，开始对第二、第三、第四批次共 144 个 MTI 学位点开展专项评估工作，旨在检查学位授权点研究生培养体系的完备性。

2015 年

4月，全国翻译专业学位研究生教育 2015 年年会在南京师范大学仙林校区召开。

7月，2015 年全国高等院校翻译专业师资培训在青岛大学举行。

12月，由全国翻译教指委主办的"翻译专业硕士口笔译教学开放周"在北京大学举行，开放周为各学位点口笔译教师提供完全免费的学习与交流的机会，进一步推广了翻译专业口笔译的教学理念与方法。

2016 年

4月，国务院学位办发布通知，委托各教指委编写《博士硕士学位授权点申请基本条件》，为学位授权审核提供重要依据。

5月，全国翻译专业学位研究生教育 2016 年年会在宁波大学召开。

6月，《国务院学位委员会　教育部　人力资源和社会保障部关于全国金融等 28 个专业学位研究生教育指导委员会换届的通知》发布，第三届全国翻译专业学位研究生教育指导委员会成立。

6月，全国翻译教指委委托对外经济贸易大学英语学院国际语言服务与管理研究所、广东外语外贸大学外语研究与语言服务协同创新中心、上海瑞科翻译有限公司等联合开展"全国翻译专业学位研究生教育与就业调查"项目。

7月，2016年全国高等院校翻译专业师资培训在北京第二外国语学院举行。

8月，第三届全国翻译专业学位研究生教育指导委员会第一次工作会议在哈尔滨黑龙江大学召开。

11月，世界翻译教育联盟在广东外语外贸大学成立。

2017年

4月，全国翻译专业学位研究生教育2017年年会暨翻译硕士专业学位教育十周年纪念大会在上海同济大学举行。

7月，2017年全国高等院校翻译专业师资培训在西安翻译学院举行。

11月，第二次翻译博士专业学位（DTI）设置论证会在广东外语外贸大学举行。

12月，根据《关于委托全国专业学位研究生教育指导委员会开展2017年服务国家特殊需求人才培养项目验收评估工作的函》，全国翻译教指委于12月对吉林华桥外国语学院翻译硕士项目开展了验收评估。

2018年

4月，全国翻译教指委2018年第一次工作会议在扬州大学举行。

4月，受国务院学位办委托，全国翻译教指委于对2014年获得翻译硕士授权且未调整的学位授权点和2014年学位授权点专项评估结果为"限期整改"的翻译硕士学位授权点共计56个组织专项评估。

5月，国务院学位办发布通知，委托专业学位研究生教育指导委员会编写《研究生核心课程指南》。

6月，全国翻译专业学位研究生教育2018年年会在内蒙古大学召开。

7月，2018年全国高等院校翻译专业师资培训在北京第二外国语学院举行。

11月，第三次翻译博士专业学位（DTI）设置论证会在北京国际会议中心举行。

12月，经有关学位点申报、全国翻译教指委全体会议审议通过并报学位办批准，越南语翻译硕士和意大利语翻译硕士被正式列入专业招生目录。

2019 年

4 月，全国翻译专业学位研究生教育 2019 年年会在西安外国语大学召开。

4 月，受学位办委托，全国翻译教指委对 2015 年获批的翻译硕士授权点进行专项评估。

7 月，2019 年全国高等院校翻译专业师资培训在吉林外国语大学举行。

7 月，2019 年暑期西北地区高等院校翻译专业师资培训在新疆师范大学举行。

8 月，全国翻译教指委受国务院学位办委托，圆满完成《翻译硕士专业学位发展报告（2014—2018）》的编写工作。

2020 年

4 月，受学位办委托，全国翻译教指委开始对 2016 年获批的 10 个翻译硕士授权点进行专项评估。

4 月，全国翻译教指委对《翻译硕士专业学位水平评估指标体系》（征求意见稿）进行了进一步讨论和意见征求并提交学位中心。

7 月，2020 年全国高等院校翻译专业师资在线培训举行。

8 月，《专业学位研究生核心课程指南（试行）》由高等教育出版社正式出版。

11 月，教育部启动全国专业学位水平评估工作。

12 月，全国翻译专业学位研究生教育 2020 年年会在线上召开。

2021 年

3 月，国务院学位委员会启动新一轮学科专业目录修订工作。

5 月，全国翻译教指委受培养院校委托开展翻译硕士葡萄牙语专业的论证和设置工作。

7 月，全国翻译专业学位研究生教育 2021 年年会在吉林外国语大学召开。

7月，2021年全国高等院校翻译专业师资在线培训举行。

7月，受国务院学位办委托，教指委圆满完成《翻译硕士专业学位发展报告（2016—2020）》的编写工作。

10月，学位办公布 2020 年审核增列和动态调整的学位授权点名单，本年度共新增 55 个翻译硕士专业学位点。

10月，第三届全国翻译教指委副主任委员，浙江大学许钧教授所著的《翻译概论（修订版）》荣获首届全国教材建设奖高等教育类一等奖。

第一次翻译硕士专业学位（MTI）论证会专家名单

时　间：2006 年 11 月 6 日上午 9:00—17:00
地　点：广东外语外贸大学行政楼国际会议厅

出席嘉宾：

李　军	国务院学位委员会办公室副主任 教育部学位管理与研究生教育司副司长
黄宝印	国务院学位办文理医科处处长
罗远芳	广东省教育厅副厅长 广东省学位委员会副主任
王斌伟	广东省学位办副主任
朱　瑞	国务院学位办文理医科处
方凡泉	广东外语外贸大学党委副书记／副校长
陈建平	广东外语外贸大学副校长
隋广军	广东外语外贸大学副校长
何其莘	北京外国语大学副校长 翻译硕士专业学位论证专家小组组长
许　钧	南京大学教授 翻译硕士专业学位论证专家小组副组长
仲伟合	广东外语外贸大学副校长 翻译硕士专业学位论证专家小组副组长
王东风	中山大学教授

王立弟	北京外国语大学教授
宁一中	北京语言大学教授
石　坚	四川大学教授
刘世生	北京大学教授
刘振前	山东大学教授
张春柏	华东师范大学教授
杨信彰	厦门大学教授
郑海凌	北京师范大学教授
柴明颎	上海外国语大学教授
屠国元	中南大学教授
蒋洪新	湖南师范大学教授
程朝翔	北京大学教授
邹启明	广东外语外贸大学教授
穆　雷	广东外语外贸大学教授
莫爱屏	广东外语外贸大学教授
李　青	广东外语外贸大学教授

第二次翻译硕士专业学位（MTI）论证会专家名单

时　间：2006 年 12 月 22 日上午 9:00—17:00

地　点：上海外国语大学高级翻译学院

出席嘉宾：

李　军	国务院学位委员会办公室副主任 教育部学位管理与研究生教育司副司长
黄宝印	国务院学位办文理医科处处长
陆　敏	国务院学位办文理医科处
朱　瑞	国务院学位办文理医科处
何其莘	北京外国语大学副校长 翻译硕士专业学位论证专家小组组长
许　钧	南京大学教授 翻译硕士专业学位论证专家小组副组长
仲伟合	广东外语外贸大学副校长 翻译硕士专业学位论证专家小组副组长
王东风	中山大学教授
王立弟	北京外国语大学教授
宁一中	北京语言大学教授
石　坚	四川大学教授
刘世生	清华大学教授

刘龙根	上海交通大学教授
刘振前	山东大学教授
何刚强	复旦大学教授
张春柏	华东师范大学教授
杨信彰	厦门大学教授
郑海凌	北京师范大学教授
柴明颎	上海外国语大学教授
屠国元	中南大学教授
蒋洪新	湖南师范大学教授
程朝翔	北京大学教授
穆 雷	广东外语外贸大学教授
谢天振	上海外国语大学教授

第三次翻译硕士专业学位（MTI）论证会专家名单

时　间：2007 年 1 月 24 日上午 9:00—17:00
地　点：广东外语外贸大学

出席嘉宾：

何其莘　　　　北京外国语大学副校长
　　　　　　　翻译硕士专业学位论证专家小组组长

许　钧　　　　南京大学教授
　　　　　　　翻译硕士专业学位论证专家小组副组长

仲伟合　　　　广东外语外贸大学副校长
　　　　　　　翻译硕士专业学位论证专家小组副组长

穆　雷　　　　广东外语外贸大学教授

谢天振　　　　上海外国语大学教授

第一次翻译博士专业学位（DTI）
设置论证会专家名单

会议时间：2014 年 4 月 9 日下午 2:30—5:30

会议地点：广东外语外贸大学第六教学楼 A421 会议室

参会人员：

黄友义	翻译专业学位教指委主任委员、国务院学位委员会委员、全国政协委员、中国译协副会长
仲伟合	翻译专业学位教指委副主任委员，广东外语外贸大学校长、教授、博导
王铭玉	天津外国语大学副校长、教授、博导
平 洪	翻译专业学位教指委委员兼秘书长，广东外语外贸大学高级翻译学院院长、教授
王立弟	翻译专业学位教指委委员，北京外国语大学高级翻译学院院长、教授、博导
柴明颎	翻译专业学位教指委委员，上海外国语大学高级翻译学院院长、教授、博导
何恩培	传神网络科技有限公司总裁
陈圣权	华为公司翻译中心主任
薛 川	华也国际全球化运营副总裁
穆 雷	翻译专业学位教指委副秘书长，广东外语外贸大学高级翻译学院教授、博导

袁　泉	广东外语外贸大学研究生处处长、教授
赵军峰	广东外语外贸大学高级翻译学院副院长，MTI 教育中心主任、教授
王巍巍	广东外语外贸大学高级翻译学院教师

第二次翻译博士专业学位（DTI）设置论证会专家名单

会议时间：2017 年 11 月 8 日（周三）14:30—15:30

会议地点：广东外语外贸大学第四教学楼 402 会议室

参会人员：

黄友义、赵军峰、穆雷（代许钧书面发言）、平洪

第三次翻译博士专业学位（DTI）
设置论证会专家名单

会议时间：2018 年 11 月 19 日晚 19:30—21:00
会议地点：北京国际会议中心 302 会议室

与会人员：

黄友义	全国翻译专业学位研究生教育指导委员会主任委员
仲伟合	全国翻译专业学位研究生教育指导委员会副主任委员
贾文键	全国翻译专业学位研究生教育指导委员会副主任委员
赵军峰	广东外语外贸大学，教指委秘书长
杨　平	中国外文局，教指委委员
严　明	黑龙江大学，教指委委员
党争胜	西安外国语大学，教指委委员
王传英	南开大学，教指委委员
修　刚	天津外国语大学，教指委学术委员会委员
曹卫东	北京体育大学，教指委学术委员会委员
姜秋霞	兰州城市学院，教指委学术委员会委员
穆　雷	广东外语外贸大学，教指委学术委员会秘书长
刘和平	北京语言大学，教指委学术委员会委员
任　文	北京外国语大学，教指委学术委员会委员

| 平　洪 | 广东外语外贸大学，教指委学术委员会委员 |
| 陈圣权 | 华为公司，中国翻译协会副会长、语言服务行业代表 |

列席人员：

程　维	北京第二外国语学院
温建平	上海对外经贸大学
关熔珍	广西大学
傅鹏辉	广东外语外贸大学
王立非	北京对外经贸大学
王巍巍	广东外语外贸大学
许　艺	广东外语外贸大学

翻译硕士专业学位设置方案

关于下达《翻译硕士专业学位设置方案》的通知

学位〔2007〕11号

各省、自治区、直辖市学位委员会、教育厅（教委），新疆生产建设兵团教育局，有关部门（单位）教育司（局），军队学位委员会，教育部直属高等学校：

国务院学位委员会第二十三次会议审议通过了《翻译硕士专业学位设置方案》，决定设置翻译硕士专业学位。现将《翻译硕士专业学位设置方案》及其说明印发给你们。

有关试点工作的具体事项另行通知。

国务院学位委员会

二〇〇七年三月三十日

附　件

1. 附件一：翻译硕士专业学位设置方案 .doc
2. 附件二：关于《翻译硕士专业学位设置方案》的说明 .doc

附件一：翻译硕士专业学位设置方案

一、为适应我国改革开放和社会主义现代化建设事业发展的需要，促进中外交流，培养高层次、应用型高级翻译专门人才，决定在我国设置翻译硕士专业学位。

二、翻译硕士专业学位的英文名称为"Master of Translation and Interpreting"，英文缩写为 MTI。

三、翻译硕士专业学位的培养目标为具有专业口笔译能力的高级翻译人才。

四、翻译硕士专业学位获得者应具有较强的语言运用能力、熟练的翻译技能和宽广的知识面，能够胜任不同专业领域所需的高级翻译工作。

五、招生对象一般为学士学位获得者；鼓励非外语专业毕业生及有口笔译实践经验者报考。

六、入学考试采用全国统考或联考、初试与复试相结合的办法。

七、教学内容突出口笔译技能训练，重点培养学生的翻译实际操作能力，兼顾翻译理论素质和跨文化交际能力的培养。

八、教学采用课程研讨、模拟、实训等多种形式；充分利用现代化教育技术手段和教学资源；强调学生学习的自主性和教学的互动性；加强教学实践，学生在读期间必须完成一定数量的翻译实务。

九、承担专业实践教学任务的教师必须具有丰富的口译或笔译实践经验。

十、学位论文必须与翻译实践紧密结合，可采用翻译项目的研究报告、实验报告或研究论文等形式。

十一、课程考试合格、完成规定的翻译实务并通过学位论文答辩者，授予翻译硕士专业学位。

十二、翻译硕士专业学位由经国家批准的翻译硕士专业学位研究生培养单位授予。

十三、翻译硕士专业学位证书由国务院学位委员会办公室统一印制。

附件二：关于《翻译硕士专业学位设置方案》的说明

根据国务院学位委员会《专业学位设置审批暂行办法》和国务院学位委员会、教育部《关于加强和改进专业学位教育工作的若干意见》，经研究和论证，拟在我国设置翻译硕士专业学位。

一、设置翻译硕士专业学位（MTI）的必要性

（一）随着我国国际地位的提升和国家对外文化、经济交流合作的迅速发展，对高层次、应用型翻译专门人才的需求日益迫切

改革开放以来，我国国民经济快速增长，综合国力已跃居世界前列。随着我国改革开放的进一步深化和加入世界贸易组织，我国已经逐步实现全球化的进程。对外经济发展迅速，全方位、宽领域、多层次的对外开放格局不断向前推进，在全球化经济体系运行中的地位日益重要，在各类国际事务中发挥着越来越重要的作用。

翻译工作是对外交流和国际交往的重要桥梁和纽带。随着我国在政治、经济、文化等各领域的对外交流与合作日益频繁，翻译专业人才在我国经济发展和社会进步中的作用日显重要，对外语及翻译人才，尤其是具有专业水平的高级翻译人才的需求，将会更多、更迫切。培养大批高层次的翻译专门人才是我国对外改革开放、满足社会需要的必然要求。

目前，各种国际会议日益增多，国外资料大量引进，社会对翻译工作的需求也日益增多。工业、科技、司法、环保、金融等领域国际交流与日俱增，对于翻译人员的专业素质和知识素养要求越来越高。另外，尽快培养大批高水平的翻译人才对我国社会经济发展更具有特殊意义。一方面，国外的先进文化、先进科技不断涌入，迫切需要将其转化为我们自己的语言去了解、吸收和准确掌握。另一方面，随着我国国际地位的提高，世界各地不断掀起的"中国热"，也迫切需要把我们自己的优秀文学、优秀文化介绍到国外去。因此，翻译人才的紧缺，不仅

在数量上，更在质量上。

与欧美国家相比，中国翻译市场还有待规范，主要问题是翻译质量无法保证。人事部于 2003 年开始试行全国统一的翻译专业资格（水平）考试，翻译职称不再实行评审制度，而实行全国统考制度，这一举措被称为"中国翻译界近年来取得的最重要进步之一"。此外，《翻译服务译文质量标准》和其他标准的制订，都将有利于翻译产业的健康发展。翻译硕士专业学位的设置可以在翻译职业化、翻译市场规范化方面起到重要的基础保障作用。

由于对外经济文化交流的巨大需求，我国的翻译数量和品种极大丰富，已经成为"翻译大国"，但翻译的总体水平不高，还称不上"翻译强国"，主要原因是翻译人才，特别是高水平翻译专门人才的匮乏。

（二）翻译的特殊性，决定了翻译人才培养具有特殊性

翻译是一门科学，是一种认知活动、一种技巧、一种艺术，是一种专业的交流工具。翻译人才的思维模式与一般外语人才有着明显的差别，需要专门的职业技能培训。过去往往把外语专业等同于翻译专业，把外语人才误认为翻译人才，忽视了翻译专业人才的专门性和特殊性。懂外语，不等于是合格的翻译人才。

专业翻译分为口译、笔译两大方向，口译主要分为同声传译和交替传译，可细化分为会议口译、商务口译、法庭口译等。会议口译，广泛应用于国际会议、外交外事、会晤谈判、商务活动、新闻传媒、培训授课、电视广播等方面；法庭口译，可分为权威性翻译（如判决书的翻译等）和非权威性翻译。在涉及两种法律体系、多种文化、不同的法律观念的复杂条件下，法庭口译在各种国际诉讼、仲裁事务中的作用日益突出。目前国内这一领域的高级口译人才几乎是空白。

笔译分为外翻中和中翻外，按照应用领域可细分为文学翻译、科技翻译等。笔译是书面译文，必须经得起审查、琢磨和推敲，一般还要长期保存，尤其是一些政策性很强的政府或外交部声明、领导人讲话稿，或具有国际法律性质的公报、协议、条约、议定书、国际会议文件等，对笔译要求更高，不仅要译文正确、准确、

完整、严谨，而且要通顺、优美。

翻译的上述特点，决定了一个专业的翻译从业人员必须具备很高的素质和能力。首先，要熟练掌握中外两种语言的语言规律及其相互之间的对应关系，必须具有扎实的语言基础；二是要具备高超的翻译技能。以会议口译为例，既要在短时间内准确理解发言者的语意，又要精准地用另一种语言进行表述，对译员的记忆能力、记录能力、逻辑分析能力、理解能力都有很高要求；三是随着翻译专业化程度的越来越高，从业者不仅要具备很强的语言技能，也必须具备广博的专业知识，如计算机信息管理与翻译、医药科技翻译、传媒翻译、法律翻译与科技翻译、商务翻译等；同时，翻译人员还要具有良好的职业道德，口译人员不管在任何场合和面对任何人，都要如实、准确、友好地传递被翻译者的意思；笔译人员既要熟练地掌握翻译技巧，还要具有较高的语言修养，更要具备较强的专业研究精神。

由于对翻译专业人员素质和能力的特殊要求，世界各国在翻译人才的培养上都采取特殊的培养模式。国外一些国家和地区从 20 世纪 70 年代开始培养专门的口笔译实践人员和翻译理论研究人员，授予翻译硕士和翻译博士学位。翻译人才的培养以市场需求为导向，在课程设置、教学要求、教师资格、评价标准等方面都以培养学生翻译技巧和实际能力为重点，使之毕业后就能很好地从事各领域的专业翻译工作。所以，翻译工作坊、文学工作坊（阅读原版外国文学作品）、非文学工作坊（训练语言翻译技巧）、机辅翻译工具等教学方式，都以增强口笔译实践能力为主。同时，对师资有特殊要求，如国际会议口译员协会（AIIC，英文：International Association of Conference Interpreters，原文为法文：Association Internationale des Interprètes de Conférence）认可的 16 个一类培训机构中，11 所高校聘用职业译员授课，其余 5 所高校也至少有 80% 的职业译员授课。

（三）我国现行外语人才的培养模式偏重学术训练，不利于高级翻译人才的培养

新中国成立以来，我国的外语院校培养了大批优秀的外语人才，其中一些成

为优秀的翻译人才。但是，现行外语人才的培养模式在教育理念上偏重专业的学术性，对翻译的专业性和应用性重视不够。按照外国语言文学专业研究生培养模式，各外语院系虽然也都招收翻译方向的研究生，但其培养目标是高校教学和科研人员。在入学考试、培养目标、课程设置、教学安排和学位论文写作等方面，是按照学术型人才培养模式进行的，有些学校甚至完全忽视了翻译实际操作能力的培养，导致翻译实践能力较差，毕业后多数只能担任生活翻译。因此，这种模式不利于高级翻译专业人才的培养，也不适应应用型、专业化翻译人才的知识和能力需求。

翻译专门人才的培养与传统外语教学在教学目标、教学内容、教学方法与手段等方面有根本不同：

1. 教学目标：外语教学目标主要培养学生的外语交际能力，训练学生听、说、读、写、译的语言技能。这里的"译"在更大程度上是一种语言教学手段，目的是帮助学生理解和掌握外语语法、词汇，或用来检查学生外语理解和表达水平，作为增强学生外语能力的一种手段，而不是目标。

翻译教学目标则是建立在学生双语交际能力基础之上的职业翻译技能训练。翻译教学从职业需求出发，主要包括三个方面：语言知识、百科知识（尤其是国际政治、经济、法律等）和翻译技能训练（包括翻译职业知识）。

2. 教学内容：外语学习主要训练学生学习语音、语法、词法、句法等语言基本知识，基本不涉及语言的转换机制，而只是用单一语言去听说和表达。这也就是为什么一个能讲外语的人，虽然能流利地用外语表达其本人的思想，但不一定能胜任翻译工作的原因。

翻译教学则主要是训练学生借助语言知识、主题知识和百科知识对原语信息进行逻辑分析，并用另一种语言将理解的信息表达出来，这些专门训练包括：译前准备、笔记方法、分析方法、记忆方法、表达方法、术语库的建立等等。双语转换机制还涉及语言心理学、认知学、信息论、跨文化等多种学科。

3. 教学方法和手段：外语教学需要的是良好的外语交际环境，以便利用各种手段训练学生的听、说、读、写的能力。

翻译教学需要的是双语交际环境、特定的交际人、交际主题，包括翻译用人单位的需求等。翻译不能表达自己的想法，也不能阐述或掺杂译者自己的观点，而是要忠实地表达讲话人 / 作者的想法或信息。因此，需要利用各种可能的手段训练用一种语言理解信息，用另一种不同的语言表达相同的信息。这些需要大量的翻译实践才能够实现。

翻译作为一个职业（无论是兼职还是全职），专业化程度高，应用性和操作性都很强。从业人员不仅要具备扎实的中文基础和至少通晓一门外语，还要具备一定的语言学、翻译学知识，同时还要具备广博的其他学科（如经济、管理、法律、金融等）知识和实际翻译操作技能。因此，翻译职业的特殊性要求，是现行外语教学体制无法完成的，有必要在保留已有的外语人才培养模式的同时，引入专业学位培养模式，设置翻译硕士专业学位。

二、我国设置和试办翻译硕士专业学位（MTI）的可行性

（一）国外和我国港台地区成功的教育经验可资借鉴

关于翻译专业人才的培养，国外和我国港台地区已积累了较为成功的经验，特别是欧盟的译员培训、英国的翻译硕士、法国巴黎高等翻译学校的口笔译硕士和香港中文大学翻译硕士专业学位，可以在教育理念、培养模式、课程设置和培养手段等各个方面，为我们提供可资借鉴的教育经验。

（二）已具备了良好的学科基础

目前，我国有外国语言文学一级学科博士学位授权点 6 个、一级学科硕士学位授权点 28 个，有英语、法语等语种二级学科博士点 37 个、硕士点 342 个。20多年来，在学科建设、科学研究、人才培养等方面取得了丰硕的成果，为翻译硕士专业学位教育提供了重要的学科支撑。

（三）已有一支具有良好学术素养的专职师资队伍和具有丰富翻译经验的兼职教师队伍

近年来，我国有关高校对翻译学科越来越重视，设置了具有一定影响和教育特色的高级翻译学院，开始由一般的研究生培养模式向专业的高水平翻译人才的培养模式转变，在师资队伍建设、课程改革和教材建设方面做了很多尝试和努力。目前，已形成了一支能基本胜任翻译硕士专业学位研究生培养的专职师资队伍。同时，在外事部门、对外文化交流部门、新闻及出版部门，以及经济、科技、体育和社会各领域的职业翻译队伍，大多具有丰富的外事经验、翻译经验和很强的跨文化交流能力，可以担任翻译硕士专业学位研究生的兼职教师。

（四）广泛的需求与充足的生源

随着我国改革开放的不断深入，国际交流日益扩大，无论是经济建设，还是文化交流，都需要大批具有广博的学科知识、深厚的综合素养和熟练的翻译技能的高水平的翻译人才；而且，随着国家的社会、经济与文化实力的不断提高，对高水平翻译人才的需求会越来越大。翻译硕士专业学位教育定位明确、针对性强、特色明显，社会一定会予以广泛认可。大量的外语专业和非外语专业本科毕业生、政府各部门和各级机构从业人员可提供充足的生源。

三、国外和我国港台地区的基本情况

国际上从第二次世界大战之后就开始重视职业译员的培养，在高校开设专业翻译的教学项目。目前，国际上大约有270多所高校设有翻译的教学与研究项目，有的侧重培养职业口笔译人员，有的侧重培养翻译研究人员。比较著名的有巴黎高等翻译学校、渥太华大学翻译学院和美国蒙特雷国际研究学院翻译学校等。它们从20世纪70年代开始培养专门的口笔译实践人员和翻译理论研究人员，授予翻译硕士和翻译博士学位，如会议口译硕士（MA in Conference Interpreting）、法庭口译硕士（MA in Legal Interpreting）、翻译与地区化管理硕士（MA in

Translation and Localization Management）、口笔译硕士（MA in Translation and Interpreting）、笔译硕士（MA in Translation）等，另外还有文学翻译、字幕翻译、计算机信息管理与翻译、医药科技翻译、机助翻译等。

20 世纪 70 年代初，香港中文大学成立了翻译系，目前香港 8 所特区政府拨款的大学中有 7 所（香港科技大学除外）都设有翻译系或翻译课程，培养翻译学的本科生、硕士生和博士生。各校特色鲜明，针对性强，分别侧重传媒翻译、法律翻译、科技翻译、机辅翻译、文学文化翻译等方向。翻译毕业生极受市场的欢迎，就业率非常高。

台湾于 20 世纪 80 年代在台湾师范大学和辅仁大学成立了翻译研究所，后来又有彰化师范大学和长荣大学等学校，培养翻译硕士研究生。翻译硕士研究生培养面向市场，课程设置强调口笔译实践，邀请部分职业译员和高级编审授课。

分析上述国家和地区翻译人才培养情况，具有鲜明的职业导向，重点培养学生的口笔译实践能力；课程设置特色突出，以社会市场需求为导向，注意课程设置的完整性，突出翻译技能的培养；师资要求有实践经验，教师队伍中必须包括经验丰富的职业翻译人才；教学突出模拟会议教学方式和口笔译实习等。这些国家和地区的经验和做法，为我们做好翻译硕士专业学位工作提供了有益的参考和借鉴。

四、设置翻译硕士专业学位的基本方案

在遵循翻译学研究生教育一般规律的基础上，根据专业学位教育的特点，借鉴、吸收国外高层次翻译专门人才培养的有益经验，紧密结合我国国情，特别是结合我国翻译实践领域的实际情况，积极探索具有我国特色的翻译硕士专业学位研究生教育制度。

（一）学位名称

翻译硕士专业学位。英文译为"Master of Translation and Interpreting"，缩写为 MTI。

（二）培养目标

培养德、智、体全面发展、能适应全球经济一体化及提高国家国际竞争力的需要、适应国家经济、文化、社会建设需要的高层次、应用型、专业性口笔译人才。

（三）招生对象及入学考试方法

招生对象一般为学士学位获得者，具有良好的双语基础，有口笔译实践经验者优先考虑；鼓励具有不同学科和专业背景的生源报考。

入学考试参加全国统一组织的统考或联考及招生单位自行组织的专业复试，结合工作业绩与资历择优录取。

（四）学习年限

实行弹性学制，可以脱产学习，也可以半脱产或不脱产学习。全脱产学制为两年；半脱产或不脱产学习者视其修满学分与完成论文情况，最多不超过五年，最少不低于三年。

（五）培养方式

1. 实行学分制。学生必须通过学校组织的规定课程的考试，成绩及格方能取得该门课程的学分；修满规定的学分方能撰写学位论文；学位论文经答辩通过可按学位申请程序申请翻译硕士专业学位。

2. 采用研讨式、口译现场模拟式教学。口译课程要运用现代化的电子信息技术如卫星电视、同声传译实验室和多媒体教室等设备开展，要聘请有实践经验的高级译员为学生上课或开设讲座。笔译课程可采用项目翻译的方式授课，即教学单位承接各类文体的翻译任务，学生课后翻译，教师课堂讲评，加强翻译技能的训练。

3. 重视实践环节。强调翻译实践能力的培养和翻译案例的分析，要求学生至少有 10 万字的笔译实践或不少于 100 小时的口译实践。

4. 成立导师组，发挥集体培养的作用。导师组应以具有指导硕士研究生资格的正、副教授为主，并吸收外事与企事业部门具有高级专业技术职务的翻译人员参加；可以实行双导师制，即学校教师与有实际工作经验和研究水平的资深译员或编审共同指导。

（六）课程设置（略）

（七）学位论文

学位论文写作时间一般为一个学期。学位论文可以采用以下形式（学生任选一种）。1. 项目：学生在导师的指导下选择中外文本进行翻译，字数不少于10000字，并根据译文就翻译问题写出不少于5000字的研究报告；2. 实验报告：学生在导师的指导下就口译或笔译的某个环节展开实验，并就实验结果进行分析，写出不少于10000字的实验报告；3. 研究论文：学生在导师的指导下撰写翻译研究论文，字数不少于15000字（以上字数均以汉字计算）。

学位论文采用匿名评审，论文评阅人中至少有一位是校外专家。答辩委员会成员中必须有一位具有丰富的口译或笔译实践经验且具有高级专业技术职称的专家。

五、组织与实施

国务院学位委员会办公室、教育部学位管理与研究生教育司统筹管理、指导翻译硕士专业学位（MTI）试点工作。成立全国翻译硕士专业学位（MTI）教育指导委员会，负责制定《翻译硕士专业学位指导性培养方案》和教学大纲，编写或推荐与培养课程配套的教材、工具书和参考用书，加强招生、培养、学位授予和质量评估等各环节的指导、管理与监督。

翻译硕士专业学位论证专家小组

二〇〇七年一月

全国翻译专业学位研究生教育
兼职教师认证规范

Guidelines for Granting Certification
to Guest Lecturers for MTI Programs in China

2011年7月26日发布　Issued on July 26, 2011

全国翻译专业学位研究生教育指导委员会　中 国 翻 译 协 会
China National Committee for MTI Education　Translators Association of China

前　言

　　为贯彻教育部关于创新专业学位研究生教育培养模式，全面落实校内外双导师制，吸收翻译行业的专家、学者和实践领域有丰富经验的专业人员，共同承担翻译专业学位研究生的培养工作的要求，全国翻译硕士专业学位研究生教育指导委员会、中国翻译协会联合制定并发布本规范。

　　本规范起草人：姜永刚、平洪、穆雷、赵军峰、黄长奇、杨平。

　　本规范于2011年7月26日首次发布。

全国翻译专业学位研究生教育兼职教师认证规范

一、适用范围

本规范旨在明确高等院校翻译专业兼职教师资格的基本要求和推荐审核方法，通过推荐具有丰富翻译实践经验的社会师资，满足培养符合市场需求的应用型、职业化翻译专业人才的需求。

本规范适用于兼职从事翻译专业教育（包括指导实习）的翻译行业及相关领域的专家。

二、翻译专业兼职教师的资格

符合以下条件的口笔译工作者或翻译管理与翻译技术人员可成为翻译专业兼职教师：

基本要求

1、遵守国家法律法规，遵守翻译和教育工作者职业道德规范；

2、热爱教育工作，能独立胜任翻译及相关的教学工作；

3、有教学时间保障，每年能够承担一门或一门以上翻译专业课程，或不少于30学时的讲座或课堂教学，或能指导多名翻译专业学生实习并完成学位论文；

4、翻译或相关专业大学本科以上学历，从事翻译、翻译管理或翻译技术工作5年以上。

专业资质要求

1、口笔译实践课程兼职教师需具备以下条件之一：

（1）有正式出版译作或200万字以上的工作量；

（2）胜任大型国际活动的口译任务；

（3）获得国家中级以上翻译专业技术职称；

（4）持有全国翻译专业资格（水平）考试二级以上证书；

（5）中国翻译协会专家会员。

2、翻译管理与翻译技术课程兼职教师需具备以下条件之一：

（1）从事5年以上翻译项目管理或翻译技术管理工作；

（2）具备20人以上的翻译团队管理经验或5人以上的翻译技术团队管理经验；

（3）有单一案例300万字以上或单一案例10名以上口译项目管理经验；

（4）有组织、主持翻译技术工具的开发经历或能熟练使用三种以上翻译管理和翻译技术工具软件。

三、翻译专业兼职教师认证管理制度

1、全国翻译专业学位研究生教育指导委员会（简称教指委）和中国翻译协会（简称中国译协）为本认证管理单位，双方共同组成"全国翻译专业学位研究生教育兼职教师认证委员会"，负责根据本规范对申请者开展评审、认证；

2、来自翻译公司和企事业单位的个人提出申请，经认证委员会审核合格后，组成"全国翻译专业学位研究生教育兼职教师数据库"，在教指委和中国译协网站上公布名单。高等院校可选聘通过认证的兼职教师；

3、本认证实行年度审查备案制，第一次审查通过后，校方与兼职教师每两年向"全国翻译专业学位研究生教育兼职教师认证委员会"进行登记备案；

4、翻译专业兼职教师在开始教学前，应与高等院校签订聘用合约，明确各自的权利和义务；

5、翻译专业兼职教师如因违反聘用合约或因职业道德规范而被投诉，认证管理单位在查实后有权撤消认证，并予以公布；

6、聘用单位应尊重翻译专业兼职教师的合法权益，提供必要的工作、教学条件，计算相应的工作量并支付报酬。

本规范由全国翻译专业学位研究生教育指导委员会和中国翻译协会共同制定，版权归全国翻译专业学位研究生教育指导委员会和中国翻译协会所有。

全国翻译专业学位研究生教育指导委员会
广州市白云区白云大道北2号广东外语外贸大学第六教学楼A303 邮政编码：510420
电话：020-36207871　　传真：020-36207871　　网址：www.cnmti.com

中国翻译协会
北京市西城区百万庄大街24号 邮政编码：100037
电话：010-68995951　　传真：010-68990246　　网址：www.tac-online.org.cn

全国翻译专业学位研究生教育
实习基地（企业）认证规范

Guidelines for Granting Certification
to Internship Partners for MTI Programs in China

2011年7月26日发布　Issued on July 26, 2011

全国翻译专业学位研究生教育指导委员会
China National Committee for MTI Education

中 国 翻 译 协 会
Translators Association of China

前　言

为贯彻教育部关于"吸纳和使用社会资源，合作建立联合培养基地，联合培养专业学位研究生，改革创新实践性教学模式"的要求，全国翻译专业学位研究生教育指导委员会和中国翻译协会联合制定并发布本规范。

本规范起草人：姜永刚、平洪、穆雷、赵军峰、黄长奇、杨平。

本规范于2011年7月26日首次发布。

全国翻译专业学位研究生教育实习基地（企业）认证规范

一、适用范围

本规范旨在指导全国翻译专业学位研究生教育实习基地对各类实习生的培养内容和操作形式，确保实习生获得规范、实效的培训和指导，推动学校和企业之间建立长期、稳定的合作关系。

本规范适用于全国申请设立实习基地的翻译与本地化服务企业和翻译技术企业。

二、翻译专业学生实习企业的资格

为确保翻译专业学生的实习质量，翻译及相关企业需达到以下资质方可与高校建立实习基地关系，接受高校翻译专业实习生：

基本要求：

1、在中华人民共和国境内注册，主要经营翻译及相关业务五年以上；

2、遵守国家各项法律法规和行业标准与规范，愿意承担社会责任，享有良好的行业声誉；

3、有能力根据翻译专业各层次学生的实习目的提供相应实习岗位，保证实习学生熟练掌握各岗位的基本职责与技能。

企业资质要求：

1、实习基地企业的专职工作人员不少于20人，其中国家中级以上翻译专业技术职称、全国翻译资格（水平）考试二级以上证书、中国翻译协会专家会员、全国翻译专业学位研究生教育兼职教师等资质获得者不少于5人；

2、固定办公场所面积不少于150平方米；

3、企业年营业额在200万元人民币以上；

4、具有现代化翻译流程管理和质量控制体系。

三、翻译专业学生实习企业的实习管理

1、实习企业应与院校签署实习基地协议；

2、实习企业应与每一位实习生正式签订实习合同，依法保障实习生实习期间的人身安全和相关权益；

3、实习企业应根据学生的专业特点及企业的翻译实践，制定实习计划；

4、实习企业应能同时为5名以上学生提供翻译及相关实习岗位，并提供必要的软硬件工作环境；

5、实习企业应为学生配备至少一名有经验的专业指导人员，帮助学生提高翻译及相关技能，指导人员应具备中级以上翻译专业技术职称，或持有全国翻译专业资格（水平）考试二级以上证书，或为中国翻译协会专家会员，或为经过认证的全国翻译专业学位研究生教育兼职教师；

6、实习企业应建立实习生评估制度，学生实习结束后，向学生出具实习证明及评估鉴定；

四、实习基地认证管理制度

1、全国翻译专业学位研究生教育指导委员会和中国翻译协会为本认证的管理单位，双方共同组成

"全国翻译专业学位研究生教育实习基地认证委员会"，负责对实习基地开展评审与认证；中国翻译协会秘书处为本认证的具体实施部门；

2、本认证实行年度审查备案制，第一次审查通过后，校方与企业每两年需在"全国翻译专业学位研究生教育实习基地认证委员会"进行备案；

3、如实习基地出现下列情况，"全国翻译专业学位研究生教育实习基地认证委员会"有权撤销认证并予以公示：因侵害实习生正当权益而被实习生或校方投诉并被查实的；不能履行与实习生签订的实习合同的；企业因自身原因被认证管理部门认为不能满足本规范所列各项要求而不适宜再作为被认证单位的。

本规范由全国翻译专业学位研究生教育指导委员会和中国翻译协会共同制定、版权归全国翻译专业学位研究生教育指导委员会和中国翻译协会所有。

全国翻译专业学位研究生教育指导委员会
广州市白云区白云大道北2号广东外语外贸大学第六教学楼A303 邮政编码：510420
电话：020-36207871　　传真：020-36207871　　网址：www.cnmti.com

中国翻译协会
北京市西城区百万庄大街24号 邮政编码：100037
电话：010-68995951　　传真：010-68990246　　网址：www.tac-online.org.cn

翻译硕士专业学位授权审核申请基本条件

专业学位类别名称（代码）：翻译（0551）

一、专业特色

1. 专业特色。 翻译硕士专业学位以口译和笔译为主要翻译类型，以汉语与英语、法语、德语、日语、俄语等外国语组成不同的翻译语对，形成不同的专业方向：如"翻译硕士（英语口译）"、"翻译硕士（英语笔译）"、"翻译硕士（法语口译）"、"翻译硕士（法语笔译）"等。

二、师资队伍

2. 人员规模。 每个专业方向的专任教师不少于6人，外聘行业兼职教师不低于专任教师的30%。

3. 人员结构。 专任教师中获博士学位的比例不低于30%，高级职称教师的比例不低于40%。近5年，每位笔译专业教师须有20万字以上的译作（包括正式出版、或被国际组织、政府机构、企事业单位正式采用的译文等），每位口译专业教师须担任过20场次以上的国际会议等口译工作（提供工作合同或其他证明材料）。应有不少于50%的专任教师参加过由全国翻译专业学位研究生教育指导委员会（或国内外其他翻译专业学术或行业机构）组织的师资培训，并获得证书。兼职教师须来自政府机构或翻译/语言服务行业，具备国家中级以上翻译专业技术职称、或获得全国翻译专业资格（水平）考试二级以上证书、或担任翻译/语言服务机构技术高管。口译专业兼职教师须担任过200场次以上国际会议等口译工作；笔译专业兼职教师须有200万字以上的笔译作品（包括正式出版的译作或供正式使用的技术文件），或具备6年以上翻译项目管理或翻译技术开发的经验。

4. 骨干教师。 每个专业方向须有3位以上具有高级职称的骨干教师，每位骨干教师须有2年以上在本单位相关学科培养硕士研究生、或在其他单位招收翻译专业硕士研究生的经历。

三、人才培养

5. 课程与教学。 有5年以上与翻译专业相关的本科生或研究生的培养经验。其人才培养方案符合学校所在地区经济社会发展需求、有一定数量的课程体现出本校的学科优势和专业特色。每门课程有完整的课程大纲。申请院校近5年至少有2门与翻译专业相关的网上优质资源共享课程。

6. 培养质量。 近5年，相关专业的学生应积极参加全国翻译专业资格（水平）考试，毕业生就业情况良好，有相当数量的优秀毕业生从事翻译/语言服务相关领域工作，社会评价良好；至少获得1项与翻译专业相关的校级以上教学成果奖。

四、培养环境与条件

7. 科研水平。 近5年，专任教师发表翻译专业相关的高水平论文5篇以上、出版与翻译专业相关的学术著作或学术译作2部以上、承担与翻译专业相关的省部级以上项目1项以上。

8. 实践教学。 在翻译/语言服务企事业单位建立专业实习基地2个以上。企业须配备数量充足的、具备中级以上技术职称的专业人员指导学生的翻译实践，每年接纳实习生驻场实习2个月以上。每个专业方向须建立翻译实践案例库1个以上。

9. 支撑条件。 口译方向须配备口译教学实验室1个以上，笔译方向须配备计算机辅助笔译实验室1个以上。实验室须配置翻译软件和语料库3种以上，专职实验员1人以上。有完善的奖助学金制度和创新创业等方面的管理措施。设立专门的管理机构，配备专职管理人员及专职教学秘书，制定完善的培养流程和配套管理文件，保证培养质量。

专业学位类别（领域）
博士、硕士学位基本要求

Zhuanye Xuewei Leibie（Lingyu）

Boshi、Shuoshi Xuewei Jiben Yaoqiu

全国专业学位研究生教育指导委员会　编

高等教育出版社·北京

出 版 说 明

随着研究生教育事业的不断发展,提高质量已成为研究生教育最核心最紧迫的任务。为贯彻落实《国家中长期教育改革和发展规划纲要(2010—2020年)》,保证我国学位授予质量,国务院学位委员会第二十八次会议决定,组织专家研究制定《博士、硕士学位基本要求》(以下简称《基本要求》)。其目的是为教育行政部门开展质量监督、学位授予单位保证学位授予质量、导师指导研究生学习提供参考依据。

《基本要求》是在《中华人民共和国学位条例》及其暂行实施办法有关规定的基础上,根据学术学位和专业学位特点分别制定,具有较强的指导性和针对性,是各类研究生学位授予应该达到的基本标准。学术学位的《基本要求》委托国务院学位委员会第六届学科评议组按一级学科制定;专业学位的《基本要求》委托全国专业学位研究生教育指导委员会(简称"教指委")按专业学位类别(或领域)制定。

教指委对《基本要求》的制定工作高度重视,认真负责,根据专业学位人才培养的特点,按照保证质量、体现特色、突出能力的要求,综合考虑各学位授予单位研究生培养的实际,强化与职业资格的相互衔接,在反复研究并广泛征求学位授予单位、有关用人单位和行业部门意见的基础上,从社会需求、知识结构、综合素养、实践训练与能力等方面研究制定了《基本要求》,在保证其可执行性的同时,也为学位授予单位制定本单位博士、硕士专业学位授予标准留有空间。

各专业学位类别(领域)《基本要求》是教指委各位专家辛勤工作的成果,也是广大专家、学者和学位授予单位集体智慧的结晶。在此,谨向参加《基本要求》制定工作的所有专家、学者和单位表示诚挚的谢意。

国务院学位委员会办公室

2014 年 12 月

0551 翻译硕士

专业学位基本要求

第一部分 概况

1. 概述

翻译硕士专业学位(英文名称:Master of Translation and Interpreting,英文缩写:MTI)是2007年经国务院学位委员会第23次会议批准设置的一个专业学位类别。

翻译硕士专业学位借鉴、吸收国外高层次翻译专门人才培养的有益经验,紧密结合我国国情,特别是结合我国翻译实践领域和语言服务行业的需求和发展,培养具有宽阔的国际视野、深厚的人文素养和良好的职业道德,具备较强的双语能力、跨文化能力、口笔译能力、思辨能力和创新能力的高层次、应用型、专业化的翻译人才。

翻译硕士专业学位以口译和笔译为主要类型,以汉语与英语、法语、日语、俄语、德语、朝鲜语等外语组成不同的互译语对,以商务、科技、法律、教育、政治外交(外事)、文学文化等为主要翻译活动领域。

根据不同的翻译类型、语对或翻译领域,翻译硕士专业学位可设不同专业方向,如翻译硕士(英汉口译)、翻译硕士(英汉笔译)、翻译硕士(法汉口译)、翻译硕士(法汉笔译)、翻译硕士(国际会议传译)和翻译硕士(文学翻译)等。

2. 专业内涵

翻译是以跨语言、跨文化信息传播与知识迁移为核心内涵的新兴专业领域。翻译硕士专业学位借鉴语言学及应用语言学、比较文学、跨文化交际学、对外传播学等理论,考察和研究中文和外国语言的口、笔译活动及其规律,考察和研究文学和文化跨越语言、跨越民族、跨越国界的传播、接受和交流的规律及相关应用问题,包括口笔译实践能力、语言服务能力、口笔译过程研究、口笔译产品研究、翻译教育、翻译理论、翻译史、翻译批评、机器辅助翻译、中华文化对外传播等领域。

本专业研究口译或笔译的过程和译语或译文的产生,探讨提高译语或译文质量和功能的途径。本专业重视专业实践能力,不断提高应用型翻译专业人才的培养质量。

　　随着语言服务业的兴起,本专业领域从传统的语言转换和跨文化交流扩大到翻译与本地化管理、语言技术工具开发与应用、语言服务与企业国际化、语言服务业人才培养、多语言会议的组织与管理等应用范畴。

　　3. 服务领域

　　翻译是一门跨学科、跨文化的应用型专业,其服务领域十分广泛,涵盖需要进行跨语言、跨文化交际的各个领域。

　　翻译以尊重文化多样性、达成交流互通为己任,在国际文化互通与传承,国际学术交流、经济、科技、教育合作等方面成为沟通的桥梁和国家软实力的重要组成部分,在国民经济发展的各个领域具有广泛的应用价值。

　　4. 发展趋势

　　在全球化和信息化快速发展的背景下,语言服务业逐步成为我国文化走出去的战略性行业和现代服务外包业发展的基础性行业。翻译作为语言服务业的核心组成部分,在我国政治、经济、外交、文化、教育、科技等领域中发挥越来越重要的作用,是国家经济创新驱动发展的助推器、国家软实力提升的发动机。国家对高质量、专业化、多语种的语言服务人才的需求与日俱增。

第二部分　硕士专业学位基本要求

一、获本专业学位应具备的基本素质

　　应具备学术道德、专业素养和职业精神三方面的基本素质。

　　1. 学术道德

　　要求在学术活动中应坚持独立探索、严谨求实的科学精神。在翻译实践中,恪守翻译标准和规范,坚持职业译员的道德操守,确保译文的产出质量和传播功能。在撰写学术论文或研究报告时,尊重知识产权,尊重他人的研究成果;引用他人成果要如实注明出处,从他人作品转引第三人成果时,要如实注明转引出处,自觉杜绝学术抄袭和学术造假。

　　2. 专业素养

　　要求具备良好的语言素养、人文素养、跨文化交际素养和百科知识素养。增强创新创业能力。

　　3. 职业精神

　　要求遵守科学诚信的职业道德,在翻译活动中尊重原作的知识产权,在译文中注明原文的出处和版权所有人;保守翻译工作中所涉及的个人隐私和商业秘密;不承担超出个人能力的口笔译任务;具有较强的抗压能力和团队协作精神。

二、获本专业学位应掌握的基本知识

应掌握扎实的语言知识、翻译知识、百科知识和信息技术知识。

1. 基础知识

要求掌握的基础知识包括：

语言知识：母语和目标外语的语言知识，母语和目标外语的文学文化知识，母语和目标外语不同文体和语域的写作知识，比较语言学知识，跨文化交际知识等。

翻译知识：翻译的概念和理论，翻译实践的要求和方法，语言服务产业的运作机制和行业标准与规范。

百科知识：母语和目标外语国家的政治、经济、文化、社会、地理、历史、文学、科技等领域的知识，相关行业翻译所需的相关专业知识等。

信息技术知识：用于语言服务行业的信息技术知识包括机器翻译、计算机辅助翻译、语言文字识别、信息检索、文本转换、术语管理等。

2. 专业知识

要求掌握的专业知识包括翻译理论和实践知识，语言服务产业的相关专业知识，与所翻译内容相关的专业知识。

翻译理论和实践知识：翻译学的基本概念和主要理论流派，翻译史，翻译过程中语言的转换，翻译质量控制，翻译实践的形式和要求。

语言服务产业的相关专业知识：翻译职业化的发展历程、未来趋势及影响因素，语言服务产业的运作机制和职业价值观。

与所翻译内容相关的专业知识：一般翻译活动经常涉及的相关行业领域知识，如政治、外交、经济、社会、文化、财经、法律、科技等；与某些特定行业翻译所需的相关知识。

三、获本专业学位应接受的实践训练

翻译是一门实践性很强的专业。翻译硕士生的教学要与口笔译实践活动紧密结合。课外学习与实践是课堂教学的延伸与扩展，是培养和发展学生翻译能力的重要途径，应在教师的指导下有目的、有计划、有组织地进行。翻译硕士生的实践训练应包含以下几个部分：

1. 实践教学

翻译硕士专业学位教育的课程总学分应有不低于 70% 来自实践或实训课程，包括以大量翻译技能训练和翻译案例分析的口笔译实践课程，突出翻译实践能力的培养。作为课堂教学的一部分，学生应在教师的组织下，在语言实验室、同声传译实验室和计算机辅助翻译实验室等场所进行口译和(或)笔译的实践学习，并由教师进行评估；要求学生在学期间至少有 15 万字以上的笔笔实践或不少于 400 磁带时的口译实践，对国际会议传译方向的口译实践教学时数还应有更高的要求。

2. 专业实习

专业实习是翻译硕士专业学位教育的必要环节,需结合具体的培养目标精心组织,在符合资质要求的政府部门和(或)企事业单位进行;专业实习过程中需有教师或导师指导,确保实习生能获得规范、有效的培训和实践,提高翻译技能和职业操守。学生应按照要求完成与课程或专业相关的教学活动,熟悉、体验和理解本专业内涵,强化专业技能,提高实践能力和团队协作精神。专业实习包括认知实习和岗位实习,可在校外实习基地或其他实习场所完成。其中,翻译硕士口译方向的学生应有不少于 25 个工作日的口译实习,形式可为展会联络口译、接待陪同口译、会议交替传译或同声传译等,并能提供活动组织单位的实习鉴定书。翻译硕士笔译专业的学生应有不少于 10 万汉字或外文单词的笔译实习,形式可为文学作品翻译、字幕翻译、公文材料翻译、商业宣传材料翻译、学术论著翻译等,并能提供译作采用单位的实习鉴定书。实习结束后,学生应将实习单位出具的实习鉴定交给学校,作为完成实习的证明。

3. 学术活动

学生自主或在教师的指导下参加各种课外学术活动,包括参加学术讲座、学术会议、研究小组、论文答辩,参与课题、编辑刊物,参加学科竞赛等多种形式。学术活动的成效由活动组织单位或指导教师进行评价,纳入实践训练考核。

四、获本专业学位应具备的基本能力

要求具备以下基本能力:语言能力、翻译能力、跨文化交际能力、百科知识获取能力、团队协作能力等。

1. 语言能力

翻译既要通过语言获取信息,又要通过语言传递信息。本专业硕士生应熟练掌握母语和至少一门外语,掌握两种语言的语音、语法、词法和句法,形成两种语言的良好语感,娴熟地运用两种语言进行口头和书面交际。

2. 翻译能力

翻译能力是本专业学位教育通过职业翻译技能训练,培养学生发展形成的主要能力。专业翻译能力可分为笔译能力和口译能力。笔译能力包括双语转换能力、双语文本能力、双语体裁能力、笔译策略能力、译前准备能力等。口译能力包括双语口头转换能力、记忆能力、笔记能力、口译策略能力、心理生理调节能力、译前准备能力等。

3. 跨文化交际能力

翻译是一项跨文化交际活动,译者是文化传播的使者。获本专业学位者应具备较强的跨文化交际意识,并能够充分地将这种跨文化交际意识贯穿翻译过程的始终,使得自己的译语或译文能够充分地传递出原文中所负载的文化信息,成为中外文化传播的使者。

4. 百科知识获取能力

翻译能力与译者的相关知识能力密切相关,译者的知识面越宽,翻译能力就越强。本专业硕士生应具备在日常生活和工作中不断吸取知识和扩大知识面的能力,并具备在具体的翻译

实践中强化某一相关领域知识的能力。

5. 团队协作能力

在语言服务行业中，翻译是一项需要沟通协作完成的工作。本专业硕士生应具备较强的团队协作能力，包括商务沟通、人力资源管理、质量管理、时间管理、成本管理等方面的项目管理能力。

五、学位论文基本要求

学位论文是翻译硕士专业学位教育的重要组成部分，通过学位论文答辩是获取本专业学位的必要条件之一。完成本专业学位论文需经过选题、撰写与修改、送审和答辩等环节。

1. 选题要求

学位论文选题应突出实践性，鼓励学生从真实的口译、笔译实践或语言服务实践中寻找选题，可选择一般翻译活动较多的领域，如政治外交、商务、旅游、文学、文献、法律等，也可选择某个特定领域的专业翻译，也可以在语言服务行业中选题，包含翻译、技术、管理等相关方面，也可以选择翻译市场分析、翻译和国家战略的关系、翻译项目管理、翻译技术应用等方面调查或研究。

选题不宜过大，应与翻译职业和行业的实际需要相结合，突出选题的实际意义和应用价值，鼓励学生走入社会，走入行业，在实践中搜集资料，进行调查，展开分析，并对翻译专业和行业的发展提出新的见解。

2. 学位论文形式和规范要求

根据不同的培养目标和论文撰写者的兴趣和特长，本专业学位论文可以采用以下任何一种形式：

（1）翻译实习报告。学生在导师的指导下参加翻译实习（重点关注语言服务业的项目经理、项目译员和项目审校等相关岗位），并就实习过程写出不少于 1.5 万个外语单词的实习报告；项目经理实习报告应包括项目背景介绍、项目计划、项目实施评估、技术应用总结、团队合作评估和用户满意度调查等内容；项目翻译实习报告应包括翻译任务背景介绍、需求分析、时间管理、工具使用、翻译质量控制、重点总结翻译过程中遇到的问题，采取的措施，以及获取的经验等内容；项目审校实习报告应包括本次任务的质量标准、时间管理、工具使用、质量监控、质量评估等方面。翻译实习报告可以就实习过程写出观察到的问题和切身体会，并提出改进建议等。

（2）翻译实践报告。笔译专业学生在导师的指导下选择从未有过译文的文本，译出或译入语言不少于 1 万个汉字，并就翻译过程中遇到的问题写出不少于 5000 个外语单词的分析报告；口译专业学生在导师的指导下对自己承担的口译任务进行描述和分析，其中应包括不少于 1 万个汉字或外语单词的口译录音转写，并就翻译过程中遇到的问题写出不少于 5000 个外语单词的分析报告。翻译实践报告的内容包括任务描述、任务过程、案例分析和实践总结等。

（3）翻译实验报告。学生在导师的指导下就口译、笔译或语言服务业的某个环节展开实验,并就实验的过程和结果进行分析,写出不少于1.5万个外语单词的实验报告,内容包括任务描述(实验目的、实验对象、实验手段等)、任务过程(假设、变量、操作性定义、受试的选择、实验的组织、实验数据的收集)、实验结果分析以及实验总结与结论等。

(4)翻译调研报告。学生在导师的指导下对翻译政策、翻译产业和翻译现象等与翻译相关的问题展开调研与分析,内容包括任务描述(调研目的、调研对象、调研方式等)、任务过程(受试的选择、调研的组织、调研数据的收集)、调研结果分析以及调研的结论与建议等,不少于1.5万个外语单词。

(5)翻译研究论文。学生在导师的指导下就翻译的某个问题进行研究,写出不少于1.5万个外语单词的研究论文,内容包括研究意义、研究目标、研究问题、文献综述、理论框架、研究方法、案例分析、结论与建议等。

3. 学位论文水平要求

学位论文要求在选题上体现翻译及语言服务行业的专业性和职业性特点,针对翻译实践、翻译管理、翻译市场与行业、翻译技术与工具使用等方面的具体问题,要求有一定的理论和实用价值;研究结果能对翻译学科的建设、翻译理论和实践的发展、翻译行业的管理、翻译技术的应用等方面有所贡献,具有一定的社会经济效益和应用价值。

论文在研究方法、研究内容、技术使用、文本选择、分析视角等方面具有较高的创新性。论文设计正确、周密,能准确把握所要研究问题的现状,并综合运用理论、方法和技术手段解决所发现的问题。论证过程完整,分析符合逻辑,结论或结果可靠。

学位论文应用外语撰写,要求语言表述正确、清晰、流畅,条理性强,无语法和拼写错误、错别字、标点符号使用不当等错误;翻译实践和翻译案例要求译文正确,表达顺畅,无误译、错译现象;论文结构完整,图表清晰,格式排版,引用标注和参考文献等符合学术规范。

第三部分　编写成员

平洪、仲伟合、许钧、何其莘、赵军峰、黄友义、穆雷。

翻译硕士专业学位研究生指导性培养方案
（2007 版）

在遵循翻译学专业研究生教育一般规律的基础上，根据专业学位教育的特点，借鉴、吸收国外高层次翻译专门人才培养的有益经验，紧密结合我国国情，特别是结合我国翻译实践领域的实际情况，积极探索具有我国特色的翻译硕士专业学位研究生教育制度。

一、培养目标

培养德、智、体全面发展、能适应全球经济一体化及提高国家国际竞争力的需要、适应国家经济、文化、社会建设需要的高层次、应用型、专业性口笔译人才。

二、招生对象及入学考试方法

招生对象一般为学士学位获得者，具有良好的双语基础，有口笔译实践经验者优先考虑；鼓励具有不同学科和专业背景的生源报考。

入学考试参加全国统一组织的统考（或联考）及招生单位自行组织的专业复试，结合工作业绩择优录取。

三、学习年限

实行弹性学制，可以脱产学习，也可以半脱产或不脱产学习。全脱产学制为两年；半脱产或不脱产学习者视其修满学分与完成论文情况，最多不超过五年，最少不低于三年。

四、培养方式

1. 实行学分制。学生必须通过规定课程的考试，成绩合格方能取得该门课程的学分；修满规定的学分方能撰写学位论文；学位论文经答辩通过可按学位申请程序申请翻译硕士专业学位。

2. 采用研讨式、口译现场模拟式教学。口译课程要运用现代化的电子信息技术如卫星电视、同声传译实验室和多媒体教室等设备开展，要聘请有实践经验的高级译员为学生上课或开设讲座。笔译课程可采用项目翻译的方式授课，即教学单位承接各类文体的翻译任务，学生课后翻译，教师课堂讲评，加强翻译技能的训练。

少数有较丰富实践经验的研究生，修个别课程时可采用在教师指导下以自学为主、通过学校统一的课程考试方式取得学分，或者已经掌握某门课程，通过本人申请经过考试准予免修，取得学分。

3. 重视实践环节。强调翻译实践能力的培养和翻译案例的分析，翻译实践贯穿教学全过程，要求学生至少有 10 万字的笔译实践或不少于 100 小时的口译实践。

4. 成立导师组，发挥集体培养的作用。导师组应以具有指导硕士研究生资格的正、副教授为主，并吸收外事与企事业部门具有高级专业技术职务的翻译人员参加；可以实行双导师制，即学校教师与有实际工作经验和研究水平的资深译员或编审共同指导。

五、课程设置

翻译硕士专业学位课程包括必修课与选修课，总学分不低于 30 学分。

（一）必修课

1. 公共必修课：

　　（1）政治理论　　　　3 学分

　　（2）中国语言文化　　3 学分

2. 专业必修课：

　　（1）翻译概论　　　　2 学分

（2）基础口译　　　　2学分

（3）基础笔译　　　　2学分

3. 方向必修课：

（1）口译方向：

交替传译　　　　　　4学分

同声传译　　　　　　4学分

（2）笔译方向：

文学翻译　　　　　　2学分

非文学翻译　　　　　2学分

（二）选修课（各培养单位可根据自己的培养目标与师资特色确定选修课，其中"第二外国语"为限定选修课）

1. 第二外国语　　　　2学分

2. 中外翻译简史　　　2学分

3. 翻译批评与赏析　　2学分

4. 跨文化交际　　　　2学分

5. 中外语言比较　　　2学分

6. 文体概论　　　　　2学分

7. 国际政治与经济　　2学分

8. 模拟会议传译　　　2学分

9. 专题口译　　　　　2学分

10. 视译　　　　　　　2学分

11. 商务口译　　　　　2学分

12. 法庭口译　　　　　2学分

13. 外交口译　　　　　2学分

14. 经贸翻译　　　　　2学分

15. 法律翻译　　　　　2 学分

16. 科技翻译　　　　　2 学分

17. 传媒翻译　　　　　2 学分

18. 计算机辅助翻译　　2 学分

19. 中国典籍外译　　　2 学分

（三）实习　　　　　2 学分

六、学位论文

学位论文写作时间一般为一个学期。学位论文可以采用以下形式（学生任选一种，字数均以汉字计算）。

1. 项目：学生在导师的指导下选择中外文本进行翻译，字数不少于 10000 字，并根据译文就翻译问题写出不少于 5000 字的研究报告；

2. 实验报告：学生在导师的指导下就口译或笔译的某个环节展开实验，并就实验结果进行分析，写出不少于 10000 字的实验报告；

3. 研究论文：学生在导师的指导下撰写翻译研究论文，字数不少于 15000 字。

学位论文采用匿名评审，论文评阅人中至少有一位是校外专家。答辩委员会成员中必须有一位具有丰富的口译或笔译实践经验且具有高级专业技术职称的专家。

七、学位授予

完成规定的课程学习，修满 30 学分；按规定完成学位论文并通过学位论文答辩者，授予翻译硕士专业学位。

翻译硕士专业学位研究生指导性培养方案（2011 版）

翻译硕士专业学位研究生教育指导性培养方案

全国翻译专业学位研究生教育指导委员会

（2011 年 8 月修订）

为适应我国社会、经济、文化发展对翻译专门人才的迫切需求，完善翻译人才培养体系，创新翻译人才培养模式，提高翻译人才培养质量，特设置翻译硕士专业学位（英文名称：Master of Translation and Interpreting，缩写：MTI）。

一、培养目标

培养德、智、体全面发展、能适应全球经济一体化及提高国家国际竞争力的需要、适应国家社会、经济、文化建设需要的高层次、应用型、专业性口笔译人才。

二、招生对象及入学考试

招生对象一般为学士学位获得者，具有良好的双语基础；鼓励具有不同学科和专业背景的生源报考。

考生参加每年全国研究生入学考试，择优录取，秋季入学。

三、学习年限

全日制学习方式：2-3 年

非全日制学习方式：3 年

四、培养方式

1、实行学分制。学生必须通过规定课程的考试，成绩合格方能取得该门课程的学分；修满规定的学分方能撰写学位论文；完成专业实习并通过学位论文答辩方能申请硕士学位。

2、采用实践研讨式、职场模拟式教学。口译课程可运用现代化电子信息技术如网络技术、口译实验室、多媒体教室等设备开展；笔译课程可采用项目式授课，将职业翻译工作内容引入课堂，运用笔译实验室或计算机辅助翻译实验室，加强翻译技能训练的真实感和实用性；要聘请有实践经验的高级译员为学生上课或开设讲座。

3、重视实践环节。强调翻译实践能力的培养和翻译案例的分析，翻译实践贯穿教学全过程，要求学生在学期间至少有15万字以上的笔译实践或不少于400磁带时的口译实践。

4、成立导师组，发挥集体培养的作用。导师组应以具有硕士研究生导师资格的正、副教授为主，并吸收企事业部门具有高级专业技术职务的译员参加；可以实行学校教师与有实际工作经验和研究水平的资深译员或专业人员共同指导研究生的双导师制。

五、课程设置

翻译硕士专业学位课程包括必修课和选修课，总学分不低于38学分。

1、必修课（20学分）

公共必修课

（1）政治理论 3学分

  （2）中国语言文化 3 学分

 专业必修课

  （1）翻译概论 2 学分

  （2）笔译理论与技巧 2 学分

  （3）口译理论与技巧 2 学分

 专业方向必修课

  笔译方向：

  （1）应用翻译 4 学分

  （2）文学翻译 4 学分

  口译方向：

  （1）交替口译 4 学分

  （2）同声传译 4 学分

2、选修课（不少于18学分）

 综合类

  第二外国语 2 学分

  中外翻译简史 2 学分

  翻译批评与赏析 2 学分

  跨文化交际 2 学分

  中外语言对比 2 学分

  计算机辅助翻译 2 学分

  ……

 口译类

视译 2 学分

专题口译 2 学分

国际会议传译 2 学分

商务口译 2 学分

法庭口译 2 学分

外交/外事口译 2 学分

口译观摩与赏析 2 学分

口译工作坊 2 学分

......

笔译类

专业技术文本写作 2 学分

科技翻译 2 学分

国际会议笔译 2 学分

商务翻译 2 学分

法律法规翻译 2 学分

传媒翻译 2 学分

中国典籍外译 2 学分

笔译工作坊 2 学分

翻译及本地化管理 2 学分

......

各院校可根据本专业的培养目标和各院校的办学特色自行设置若干门特色课程，作为限定性选修课。

六、专业实习

专业实习是翻译硕士专业学位教育的必要环节,时间应不少于一学期。各院校要根据本专业的培养目标精心组织学生到符合资质要求的政府部门和企事业单位实习,派出指导教师,确保学生获得规范、有效的培训和实践,提高翻译技能和职业操守。实习结束后,学生须将实习单位出具的实习鉴定交给学校,作为完成实习的证明。实习不得用课程学分替代。

七、学位论文

学位论文写作时间一般为一个学期。学位论文可以采用以下任何一种形式:

1、翻译实习报告:学生在导师的指导下参加口笔译实习,并就实习的过程写出不少于 15000 词的实习报告;

2、翻译实践报告:学生在导师的指导下选择中文或外文的文本进行原创性翻译,字数不少于 10000 汉字,并就翻译的过程写出不少于 5000 词的实践报告;

3、翻译实验报告:学生在导师的指导下就口译或笔译的某个环节展开实验,并就实验结果进行分析,写出不少于 15000 词的实验报告;

4、翻译研究论文:学生在导师的指导下就翻译的某个问题进行研究,写出不少于 15000 词的研究论文。

无论采用上述任何形式,学位论文都须用外语撰写,理论与实践相结合,行文格式符合学术规范。

学位论文采用匿名评审制。论文评阅人中至少有一位是校外专家。学位论文须经至少 2 位论文评阅人评审通过后方能进入答辩程序。答辩委员会至少由 3 人组成，其中必须有一位具有丰富的口译或笔译实践经验且具有高级专业技术职称的专家。

八、学位授予

按规定修满规定的课程学分，完成专业实习，通过学位论文答辩者，授予翻译硕士专业学位。

专 业 学 位
研究生核心课程指南（一）

（试 行）

全国专业学位研究生教育指导委员会　编

高等教育出版社·北京

出 版 说 明

　　课程学习是保障研究生培养质量的必备环节,在研究生成长成才中具有全面、综合和基础性作用。为深入贯彻党的十九大关于实现高等教育内涵式发展的要求,落实《教育现代化2035》,加强研究生课程建设,提高研究生培养质量,国务院学位委员会第 34 次会议决定,组织专家编写《专业学位研究生核心课程指南(试行)》(以下简称《指南》)。目的是为各专业学位类别研究生课程设置、讲授和学习提供参考。

　　《指南》按专业学位类别编写,主要包括基础理论课和专业课,体现本专业学位类别的基础理论和专门知识,并与《专业学位类别(领域)博士、硕士学位基本要求》《指导性培养方案》相衔接。

　　全国专业学位研究生教育指导委员会对《指南》编写工作高度重视,认真负责,广泛听取研究生培养单位、研究生导师、行业专家和用人单位的意见,以研究生成长成才为中心,结合各专业学位类别课程教学和人才培养特点,注重思维方法和能力培养,既考虑课程的前沿性,又考虑课程的实践性,在保证《指南》具有针对性、可执行性和指导性的同时,也为各单位特色培养留有空间。

　　《指南》是全国专业学位研究生教育指导委员会各位专家辛勤工作的成果,也是广大专家、学者和学位授予单位集体智慧的结晶。在此,谨向参加《指南》编写工作的所有专家、学者和单位表示诚挚的谢意。为贯彻落实刚刚召开的全国研究生教育会议精神,经研究决定,正式出版《指南》,供各培养单位加强课程建设参考。

　　由于《指南》是首次编写,难免有不足之处,欢迎广大读者批评指正。

国务院学位委员会办公室

2020 年 8 月

0551 翻译硕士专业学位研究生核心课程指南

01 翻译概论

一、课程概述

本课程是翻译硕士专业学位研究生(MTI)的核心课程,通常在翻译专业硕士教育的第一学期开设。本课程旨在让学生全面认识翻译、理解翻译,对翻译所涉及的基本理论问题有较为系统的了解,进而对翻译的本质、过程、对象、主体以及影响翻译的因素、翻译中的基本矛盾、翻译的功能、对翻译的评价,乃至多元文化语境下翻译的精神和使命有较为全面、系统和深刻的认识。本课程同时引导翻译硕士专业学位研究生了解翻译行业乃至语言服务业的发展和现状,全面地认识翻译、加深对翻译职业性质的认识、树立正确的翻译观,并提高翻译技能。

二、先修课程

翻译实践类课程。

三、课程目标

本课程旨在让 MTI 学生在有限的理论学习时间内,围绕"翻译"关键词,以问题为中心,内部和外部结合,宏观与微观兼顾,对有关翻译的各个重要方面展开思考和讨论。初步了解将来所从事职业的基本内涵,包括翻译的本质、口笔译的基本方法、翻译的理论与翻译批评、翻译的技术、翻译的管理、翻译的市场以及本地化等。

四、适用对象

适用于外国语言文学一级学科翻译专业硕士教育(MTI)及相关方向的硕士研究生。

五、授课方式

教学方法,可以采用任务型教学法,部分内容由学生自主学习后在课堂展示,学生自学以阅读和讨论为主,适量接触相关的翻译基本理论,教师指导、点评,引导学生关注学术规范和研究方法,辅助授课方式包括教师授课和课堂讨论。

六、课程内容

本课程设置为 16 周共 32 课时,16 个课程模块,主要内容包括翻译的定义、对象、功能和特性、翻译的标准、译员的素养、翻译的主体、口笔译方法、翻译技术、管理和市场等。课程内容的设置一方面要贴合行业实际,另一方面要应院校特色作一定调整,因而本文所提供的模块可在把握课程目标的基础上自行调整。参考课程安排如下:

第一讲是对 MTI 培养目标和《翻译概论》课程的总体介绍。包括课程计划、目的和要求。第一讲涉及"翻译是什么"即"何为译"的问题,还有"译何为"及"译为何"这几个基本概念,目的在于让学生从宏观上了解翻译的本质、定义、对象、功能和特性,了解翻译的简要历史、翻译活动的丰富性、译学研究的多元整合以及译学研究的机遇和挑战。

第二讲探讨翻译的标准。了解翻译的目的和翻译的分类,了解翻译标准的来龙去脉和重要意义,了解翻译相关的国家标准和行业标准,不仅能主动规避错译、漏译等硬伤,还能提高译文的质量,交付符合要求的译文。另一层面的翻译标准是与翻译策略、方法相关的标准,了解中西方翻译标准的异同有助于选取恰当的翻译策略。

第三讲关于译者或译员的素养。在翻译市场上,从事语言服务的人员应该具备的基本素养和职业道德、职业规范,翻译类资格考试证书的种类和级别要求等。

第四讲涉及译者身份的演变、译者主体性的彰显,翻译研究中从主体性到主体间性的概念及其研究意义。

第五讲探讨影响翻译活动的各种因素以及遇到的各种矛盾,探讨文化语境与社会因素、意识形态与政治因素、翻译动机与翻译观念以及语言关系与翻译能力的关系。

第六讲探讨可译与不可译、异与同、形与神三对矛盾及其之间的关系等,涉及到语言和文化之间的异同及其转换。

第七讲探讨翻译的功能与作用。对"译何为"的问题展开理论思考,审视翻译的历史定位、文化视角下的翻译之"用",并从各个层面探讨翻译价值。

第八讲在第七讲的基础上,进一步探讨翻译批评的本质,介绍翻译批评的价值与功能,翻译批评的类型和主体,以及翻译批评的标准与原则。

第九讲专门了解新技术革命给翻译带来的变革。如机器翻译的原理、计算机辅助翻译工具的使用等。

第十讲介绍术语相关的内容。如术语的作用、术语的形成、术语的管理、术语管理工具、术语库的建立与维护、语料库的作用、语料库的建立与维护等。

第十一讲从宏观的角度介绍职业化翻译可能会使用到的工具或技术。包括网络技术和本地化工具。该模块不需要深入探讨具体翻译工具或技术的操作,而重在介绍市场上现有或主流的翻译技术工具或技术及其能解决的实际问题,培养学生的技术意识,让学生有意识地主动寻求相关技术或工具来提高工作效率。

第十二讲主要探讨技术写作,技术写作与传统翻译的区别与联系,技术写作工具的使用,技术写作的方法。

第十三讲涉及翻译的管理,包括翻译行业对人才的要求、翻译的基本流程及其管理、翻译的人员管理、财务管理和市场管理。这一模块旨在帮助 MTI 学生加强对语言服务行业现状的了解,洞悉语言服务企业或语言服务岗位的操作流程。

第十四讲介绍现代社会对翻译的需求、语言服务行业中的翻译、译员的准入机制与考核机制、语言服务行业的业务类别、不同业务的市场需求等。

第十五讲从多元文化语境的视角探讨文化多样性与语言多元性的关系,进一步理解翻译的跨文化跨语言交际的特性和本质,从而正确认识翻译的使命,初步了解翻译研究的发展观和动态观,关注文化和社会现实,发挥理论研究的现实意义。

第十六讲是 MTI 毕业论文的写作,主要内容是毕业论文的模式及选题和论文设计。在完成此前模块内容后,MTI 学生对毕业论文的选题有了初步的想法,应当就选题方法、选题价值、研究方法等内容做一定介绍,使学生能够在后续的学习和实践中继续积累,以毕业论文为手段,进一步提高职业化能力与素养。

七、考核要求

课程考核主要依据课堂讨论和小组贡献、学生的课堂展示效果,以及期末论文给分。前两个部分的考核依据为学生的阅读和讨论认真程度、是否联系实际、演讲与课堂讨论、出勤情况以及学习态度。

八、编写成员名单

许钧(浙江大学)、穆雷(广东外语外贸大学)、赵军峰(广东外语外贸大学)、李雯(广东外语外贸大学)

02　笔译理论与技巧

一、课程概述

本课程是外国语言文学一级学科翻译专业硕士教育(MTI)的核心课程,通常在翻译专业硕士教育的第一学期开设。本课程旨在加强学生对翻译的基本认识,熟知翻译的核心概念,重视翻译的目的与功能,掌握主要翻译方法与技巧,了解相关行业知识与规范,提高翻译能力。本课程以翻译过程为导向,结合文本类型和翻译目的,讲授翻译的基本原理、策略、方法和技巧,通过理论梳理、译例评析、文本比较和实践操练,使学生熟悉国内外有关翻译理论,并运用所学知识和技能,解决实际翻译问题,为其毕业后从事职业翻译打下良好基础。

二、先修课程

翻译概论。

三、课程目标

通过对翻译基本概念、原则、方法、技巧等讲授,使学生熟悉翻译流程和相关概念;在翻译过程中灵活运用对等和变通的转换方法与手段,做到准确理解和恰当表达;使学生能够根据文本类型、翻译目的和读者反应等,选择适当的翻译策略和运用恰当的翻译技能;能够综合运用翻译的基本理论和方法,从事多种文体的翻译实践,运用各类语言转换技巧和方法解决实际翻译难题,并藉此提升学生双语能力、语言转换能力、跨文化交际能力、工具运用能力、策略能力、创新能力和批判性思维能力。

四、适用对象

适用于外国语言文学一级学科翻译专业硕士教育(MTI)及相关方向的硕士研究生。

五、授课方式

本课程根据《教学大纲》的要求制定教学内容,并根据学生的学习规律和特点,采取循序渐进的启发式及讨论式教学方法。课程以任务教学法为基本原则,讲解翻译理论基本知识,系统传授翻译基本原理、原则、策略技巧。采用理论梳理、译例评析、文本比较和实践操练等教学法,注重师生互动、译文互评、学生讨论、课后演练和实践操作,做到理论和实践相结合,线上和线下互为补充。有条件的学校,也可以通过真实翻译项目的方式,鼓励师生共同参与完成翻译工作。

六、课程内容

本课程从"翻译的核心概念"入手,围绕"翻译中的对等""翻译中的变通""翻译中的理解""翻译中的表达"五个核心板块展开翻译教学活动,培养学生的翻译能力。

"翻译的核心概念"模块主要内容有:翻译类型和现象,翻译的定义、性质和标准、翻译的目的和功能,以及翻译的质量和规范等。

"翻译中的对等"模块主要内容有:词汇层面、句子层面、语篇层面和语用层面的对等,及实现对等的策略、方法和技巧。

"翻译中的变通"模块主要内容有:篇章层面的变通处理,包括全译与编译、缩译、改译等变译形式,修辞层面的变通处理,文化意象的归化与异化等。

"翻译中的理解"模块主要内容有:语境与意义,文本类型和目的分析,原文意义和术语的查证等。

"翻译中的表达"模块主要内容有:中外文思维方式和表达习惯的差异与表达,中外文逻辑的差异与表达,译文通达之方法与技巧,译后审校等。

本课程主要内容涉及理论与实践两个部分,因课时有限,实践部分主要放在课后,课堂重在讲评。各学校可根据实际情况对以上内容有所侧重和选择。

七、考核要求

考核形式可以采取考试考查(外译汉和汉译外,将理论与实践融汇于试题中)、实践报告、课程论文等多种形式,并在教学期间的不同阶段进行灵活的多元组合。

考核内容主要包括:

1. 翻译理论的基本概念、常用翻译策略和技巧等。
2. 通过翻译实践,体现对翻译及其标准、原则的正确认识。
3. 准确理解原文的意义和交际意图,理顺原文的逻辑关系。
4. 采用对等或变通的翻译方法,达到自然流畅的表达效果。
5. 能够体现出一定的译者专业能力。

八、编写成员名单

蒋洪新(湖南师范大学)、党争胜(西安外国语大学)、严明(黑龙江大学)、李德凤(澳门大学)、刘季春(广东外语外贸大学)、陈科芳(浙江外国语学院)

03 口译理论与技巧

一、课程概述

本课程是外国语言文学一级学科翻译专业硕士教育(MTI)的核心课程。本课程通常设在第一学期,是构建口译理念和基本技能的综合性口译课程。本课程包括口译基础技能和理论概述,旨在加强学生对口译的基本认识,熟知口译的核心概念,重视口译的目的与功能,掌握主要口译方法与技巧,了解相关行业知识与规范,提高口译实践能力。

二、先修课程

相关语种视听说课程。

三、课程目标

本课程概括性介绍口译的发展史和口译理论,并结合口译基础训练使学生初步掌握听辨、逻辑、复述和交际等基本口译能力,主要训练学生的无笔记交替传译能力,源语长度一般不超过2分半钟。着眼于口译理论意识和口译实践基础能力的构建。

四、适用对象

适用于外国语言文学一级学科翻译专业硕士教育(MTI)及相关方向的硕士研究生。

五、授课方式

课堂教学结合讲授、示范、操练进行,课堂活动还包括学生自主练习、互助练习和课堂讨论等。在课堂教学中理论教学原则上占比不超过 40%,技能操练占比 50%,而学生参与的各类讨论占比 10%。理论学习、技能操练和课堂讨论可以在一学期的课程中合理安排,也可以在某个阶段或一堂课中安排,某一时段的教学侧重点可根据学生的具体情况做出调整。

六、课程内容

本课程总共设置 16 周、32 个课时,分 10 个课程模块。课程内容的设置一方面要贴合行业实际,另一方面要因院校特色作一定调整,因而本文所提供的模块可在把握课程目标的基础上自行调整。参考课程安排如下:

第一模块主要引导学生了解"专业口译及其特征"，包括职业型口译的定义、分类、职业发展历史及其不同于笔译的区分性特征，如源语及目标语发布的单次性、口译过程的限时性、口译的现场性、源语或目标语的口语性。

第二模块引导学生了解交替传译的特性，展示交替传译的运用场合和译员需具备的口译技能，简要介绍专业口译教学中的理论和实践。

第三模块主要让学生了解专业口译是一种专门技能，服务于国际双边或多边交际场合，需要听懂演讲者的话语。为此，学会演讲是学习口译的重要条件。

第四模块主要训练学生的听辨能力。口译学生不光要听懂演讲者的信息，还要有很强的逻辑性，并根据上下文判断出演讲者的讲话意图，这中间就包含听辨、记忆、快速整理等技能。

第五模块学生通过从短到长的复述训练初步感受口译过程。学生所听演讲可以从简单的叙述到较复杂的论述，内容可从易懂易记的线性叙述到有两到三个观点碰撞的论述性演讲，演讲长度不超过 2 分钟，内容难度以通俗常用话题为主，比如吸烟有害健康等。

第六模块是上一模块的衍生，主要是强化训练学生在无笔记状态下的交传能力。话语长度为不超过 3 分钟为宜，内容以论述形式的演讲为主，可根据学校的特点选用不同领域的演讲。学生可以从听教师演讲复述、听同学演讲复述逐步过渡到听真实演讲进行交替传译，综合训练学生的听辨、逻辑、表述等各种技能。

第七模块训练学生在进行口译前对话语所涉及的语言和领域知识进行有序的译前准备，培养学生的译前准备意识和能力，明确口译不是单纯的语言技能，是集合了语言、口译、相关知识的综合能力实践，缺一不可。学习内容包括搜寻领域知识、准备词汇表和了解特定领域中的习惯表述方法等。

第八模块主要让学生在学习口译技能时逐渐养成口译是一种交际能力，口译员必须遵从人与人之间的交际规则，避免学生在注重译语时忽视了交际。训练的内容包括话语的交际性和口译过程中的交际性。

第九模块讲解"口译质量评估"，学生需阅读前人的相关调查研究，了解早期人们对理想中口译质量的规定性陈述与后期对现实中口译评估描述性陈述之间的差异，掌握口译活动各方参与者（如译员自身与口译用户）对口译质量的不同期待。

第十模块是学生在学好交替传译的基本技能后对同声传译有个概括性了解。（模块应视学生的前九个模块的进展程度而定，如果学生在此前无法顺利完成交替传译和口译概论的学习，这个模块可以改为"交替传译技能训练"。）教学重点在于为学生展示同声传译的特点以及学习方法等。

七、考核要求

课程考核主要分两部分：第一部分为笔试部分，主要检测学生对口译理论的概述，占总成绩的 40%，主要内容包括口译的发展、口译的分类、口译技能的特点和目前口译研究的一些特点等；另一部分为口译考试，在期末进行，占总成绩的 60%，主要检测学生的综合无笔记交传能力。话语长度原则上不超过三分钟。

八、编写成员名单

柴明颎(上海外国语大学)、刘和平(北京语言大学)、赵军峰(广东外语外贸大学)、唐芳(广东外语外贸大学)、王巍巍(广东外语外贸大学)

04 文学翻译

一、课程概述

本课程是外国语言文学一级学科翻译专业硕士教育(MTI)的核心课程,通常在第二、第三学期开设。本课程旨在系统讲授文学翻译的基本理论知识、实践策略和方法与赏析技巧,指导学生进行小说、散文、诗歌、戏剧等不同体裁的名篇赏析和翻译实践,提高他们的文学翻译理论素养、鉴赏水平和实践能力。

二、先修课程

翻译概论、笔译理论与技巧。

三、课程目标

通过讲授文学翻译的基本原理、实践策略和方法、赏析技巧,帮助学生系统掌握文学翻译的性质、原则、标准、过程、策略和方法,树立全面、辩证、发展的文学翻译观,并学会将这些理论和方法运用于小说、散文、诗歌、戏剧等不同体裁的名篇赏析和翻译实践,进而培养学生对文学翻译的理性思考能力、审美鉴赏能力和实践操作能力。

四、适用对象

适用于外国语言文学一级学科翻译专业硕士教育(MTI)及相关方向的硕士研究生。

五、授课方式

坚持理论与实践相统一、精讲与多练相结合的原则,将文学翻译的基本理论、名篇赏析和翻译实践进行贯通与融合。采用教师课堂讲授、学生课后翻译、师生互动、学生互评、小组汇报等多种教学方法。教师讲授重在针对从理论知识到实践方法的演绎和示范,学生实践旨在学以致用、突出操练,将独立译笔训练与小组讨论相结合。课堂上可穿插学生自评、学生互评、自由讨论、教师总结、案例分析等不同环节,还可适时进行线上线下的互动交流。

六、课程内容

课程内容主要包括文学翻译的基本原理、实践策略和方法、名篇赏析技巧,涉及重要文学翻译家的译论与译艺，文学翻译的性质、原则、标准、过程、策略与方法，文学翻译中忠实性与文学性、科学性与艺术性、内容与形式、归化与异化、作者风格与译者风格之间的辩证关系。体裁可包括文学翻译综述、散文翻译、小说翻译、诗歌翻译、影视翻译与戏剧翻译等，不同培养单位和任课教师，可根据实际情况，对以上内容进行选择或侧重，充实授课模块和内容。

七、考核要求

考核内容包括两大板块：理论部分考核学生对基本概念、主要流派、翻译原则、标准、过程等的理解与把握，实践部分考察学生运用基本理论和方法进行翻译实践和名篇赏析的能力。考核形式灵活多样，可采取分为过程性评价或终结性评价。过程性评价可包括课堂表现、翻译练习、佳译赏析、小组汇报等；终结性评价可包括课程考试、课程论文、翻译实践及翻译报告等，其中课程论文或翻译报告不少于 3000 个英文单词或 5000 个汉字。

八、编写成员名单

蒋洪新（湖南师范大学）、许钧（浙江大学）、李正栓（河北师范大学）、张保红（广东外语外贸大学）、余承法（湖南师范大学）

05　非文学翻译

一、课程概述

本课程是 MTI 教指委讨论确定的必修课，通常在翻译硕士教育的第二学期开设。本课程针对翻译硕士"应用型""职业化"培养目标，通过大量的各种非文学类文本的翻译实例展示和练习，旨在引导学生了解和掌握非文学类文本翻译的一般性原则和方法，通过具体的实践操作，提高学生的实际汉外／外汉翻译技能。

二、先修课程

翻译概论、笔译理论与技巧。

三、课程目标

本课程旨在通过汉外两种语言在非文学类文本方面的对比，引导学生了解和掌握这类文本翻译的一般性原则和方法，从而提高学生整体的汉外或外汉翻译能力。在体裁和题材的选择上，本课程尽量做到丰富多样，使学生逐步熟悉常见文体。通过足量的笔译实践，使学生对具有普遍意义的翻译难点以及翻译的性质有亲身的体认。

四、适用对象

本课程适用于外国语言文学一级学科翻译专业硕士教育（MTI）及相关方向的硕士研究生。

五、授课方式

教学围绕所选材料展开，形式包括对照阅读、译文比较、译文分析、译文评论、译文赏析等。课堂活动以教师讲授、师生共同讨论为主，强调师生间的互动。本课程要求学生完成一定量的翻译作业，教师须对作业进行指导、点评，通过翻译实践，引导学生掌握资料检索、翻译工具的应用、术语问题的解决等技能，从而提高学生的整体翻译水平。

六、课程内容

本课程设置为 16 周共 32 课时，主要内容可包括但不限于：一般纸质和网络翻译工具的应用、具体语境下词汇意义的理解、复杂语言结构的分析、理解与翻译处理；材料范围应涵盖科技、旅游、历史、新闻、党政、时政、法律、商务等文本、文献或文章，以及本国和他国国情介绍等。原则上，内容的设置可根据院校特点、行业需求和学生需求作一定调整，参考课程内容安排如下：

第一模块概括介绍非文学翻译的类型、标准和实现途径，并结合非文学翻译的职业化发展，探讨职业译者的素养和行为准则，以及翻译用户须知等问题。

第二模块着重介绍具体语境下词汇意义的理解、辨析与翻译处理，这一部分还涉及翻译工具（纸质与电子词典、网络词典等）的合理应用，认识电子工具对翻译的意义，掌握电子工具的特点，介绍相关网站和常用电子词典的使用。

第三模块的重点是外语长句、复杂句的结构的分析、理解与翻译处理。要求学生能够在实际翻译中准确把握原文结构的脉络，忠实而灵活地用译文语言再现原文的结构。

第四模块探讨平行文本的作用和功能分类，研究如何获得平行文本，通过使用平行文本学会弥补专业知识和语言能力的不足，从而高效准确地完成非文学翻译的职业化任务。

第五模块是专名以及源自专名的术语在翻译过程中的处理，讨论要点包括专名在汉外/外汉翻译中的首译、回译、重命名等诸多问题。

第六至第十五模块属于专题模块，分别围绕科技、旅游、历史、新闻、党政、时政、法律、商务等文本、文献或文章，以及本国和他国国情介绍文本等专题展开，就相关文本进行阅读理解、文体分析和相应的翻译操练。

第十六模块通过案例分析和研究，总结和探讨如何以专业标准修改译文，从而实现达到翻译职业化要求的非文学翻译任务。

七、考核要求

课程考核可考虑分三个部分：第一部分为出勤，占 10%；第二部分为课后作业，占 40%；第三部分为期末考试（汉译外和外译汉，将理论与实践融汇于试题中）占 50%。在保证学生出勤和完成课后作业的情况下，也可考虑采用单一的期末考试形式。

八、编写成员名单

赵军峰（广东外语外贸大学）、黄友义（中国外文出版发行事业局）、康志洪（广东外语外贸

大学）、杨俊峰（大连外国语大学）

06　计算机辅助翻译

一、课程概述

本课程是 MTI 翻译与本地化管理方向的专业必修课，通常在翻译硕士教育的第一学期开设。作为该方向本地化技术系列课程的入门课和基础课，本课程旨在向学生提供计算机辅助翻译工具与技术的入门指引，普及计算机辅助翻译工具与技术，引导学生全面认识计算机辅助翻译工具与技术的功能，帮助学生树立正确的计算机辅助翻译工具与技术观。

二、先修课程

翻译实践类课程。

三、课程目标

本课程旨在为学生系统地学习本地化技术其他高阶系列课程奠定坚实的基础，重点培养 MTI 学生的计算机辅助翻译和机器翻译工具与技术实战能力，培养学生翻译技术思维能力，加深学生对翻译工具与技术辅助口笔译职业发展的认识，帮助学生适应翻译行业对口笔译职业工具与技术的要求，包括翻译行业的最新进展、术语管理工具与技术、翻译记忆工具与技术、机器翻译与译后编辑工具与技术、翻译项目管理工具与技术、语料库辅助翻译工具与技术、本地化工具与技术等。

四、适用对象

本课程适用于外国语言文学一级学科翻译专业硕士教育（MTI）及相关方向的硕士研究生。

五、授课方式

授课方式以启发式教学为宗旨，主要采用任务型和案例型教学法，具体教学方法包括课堂讲解、课堂讨论、自主学习、小组研讨、上机实操、项目实践、小组演示。本课程分为若干专题模块，每一模块先由教师概述总体框架和基本原理，以某一主流翻译工具与技术为蓝本向学生讲解其功能，引导学生上机实操并讨论其优势和缺陷。随后将学生分为若干学习小组，以组为单位自主学习和研讨其他主流翻译工具与技术的功能，并在课堂上展示其学习所得，教师进行点评并引导课堂讨论。同时，每个课程模块均布置实操任务，启发学生开展项目实践。为了提高课程内容的时效性和应用性，某些模块可以邀请企业翻译技术专家讲授。

六、课程内容

本课程设置为 16 周共 32 课时，共分为 8 个课程模块，包括翻译与语言服务行业概述、计算机辅助翻译概述、机器翻译与译后编辑、术语管理原理与实操、翻译记忆原理与实操、语料库辅助翻译原理与实操、本地化翻译以及翻译项目管理原理与实操等。课程内容的设置覆盖当前翻译与本地化管理的主体工作内容和技术能力要求，每一学年根据行业发展最新动态进行相应调整和更新。主要模块及内容如下：

第一模块是对语言服务业的基本内容和最新发展的总体介绍，旨在帮助学生掌握翻译与语言服务的关系。重点介绍语言服务行业发展对计算机辅助翻译工具与技术能力的要求，帮助学生提前了解未来将要从事的职业特征，让学生对自己未来的职位规划形成初步的认识。

第二模块是对计算机辅助翻译技术的总体介绍，旨在让学生对当前主流计算机辅助翻译工具与技术有清晰的认识，形成完整的知识体系蓝图，同时还向学生讲授同类院校开设相关课程情况，让学生对未来的同龄专业竞争者所学内容了然于胸，从而提前做好知识和能力储备。

第三模块是当前行业的热点话题——机器翻译与译后编辑。该模块讲解机器翻译与译后编辑工作的原理、概念、工作流程、特征、标准和基本方法，分析机器翻译领域的基本状况与发展趋势，让学生熟悉相关软件与工具的使用，并且能在机器翻译与译后编辑的服务流程中，熟练掌握基本翻译技术和主要的译后编辑平台，增强翻译专业学生和 MTI 学生的职业翻译能力。

第四模块重点讲解翻译技术的核心内容之一——术语管理。这一模块首先向学生讲术语管理的基本概念和工作原理，着重强调掌握工作原理能够有效应对未来解决实际工作中碰到的问题，并起到事半功倍的效果。其次，随后向学生演示有关工具的操作步骤，带领学生实操，并布置课后上机练习作业。最后，让学生分为学习小组，自主学习其他主流工具的术语管理功能，并在课堂上向其他小组分享学习体会，从而加深对该模块的理解。

第五模块重点讲解翻译记忆技术的基本概念。要求学生了解翻译记忆技术的工作机制，熟悉翻译记忆工具的工作流程和应用场景，熟练掌握主流计算机辅助翻译工具的基本操作，能够利用相关工具解决翻译实践中的技术问题。

第六模块围绕语言服务业中如何进行语料等语言资产管理的问题，扩展计算机辅助翻译工具与技术的维度，重点讲述如何利用语料库工具辅助语料管理，并利用所建立的语料资源辅助口笔译实践。

第七模块是面向数字化时代翻译的特色模块，主要讲解本地化工具与技术的基础知识，让学生初步认识本地化与翻译和语言服务之间的联系和区别，通过基本概念的梳理和基础工具的操作帮助学生形成本地化实践的基本理念，掌握本地化实践的基本规范，为学生学习其他本地化技术系列课程奠定扎实的知识基础。

第八模块从宏观视角关注翻译职业和翻译技术之间的关系。在翻译职业化背景下，翻译项目管理意识贯穿整个翻译实践，翻译项目管理在翻译技术课程体系中不可或缺。该模块让学生熟悉翻译与本地化项目管理的流程和技术方法，掌握翻译项目分析和管理的基本技能。重点在于将翻译技术和工具与具体翻译项目和翻译任务相结合，解决翻译项目和任务的具体问题。

七、考核要求

课程考核主要分三部分：(1) 课堂考勤、案例分析、小组研讨和汇报演示，占总评成绩 30%；(2) 课后上机实践练习，占 30%；(3) 期末总结报告和上机考试，占 40%。其中，课堂讨论和小组演示主要考查学生学习相关知识技能的主动性和创造性；课后上机练习主要以真实翻译项目材料为依托,考查学生对相关知识技能的巩固学习程度;期末报告和上机考试主要考查学生阶段性学习成就,期末报告要求学生汇报计算机辅助翻译工具与技术学习的真实体会,上机考试要求学生独立完成翻译项目实战任务。

八、编写成员名单

胡开宝(上海外国语大学)、王华树(广东外语外贸大学)、崔启亮(对外经济贸易大学)、邹兵(广东外语外贸大学)

07 中外翻译简史

一、课程概述

本课程是翻译硕士专业学位(MTI)教指委确定的必修课程,通常在翻译硕士教育的第二学期开设。本课程旨在通过对中外翻译史上的主要事件、组织结构以及代表性翻译家的系统介绍,帮助学生了解翻译专业的前世和今生,了解翻译理念的产生、发展与演变的历史,从而培养学生的翻译专业素养与人文情怀。

二、先修课程

翻译概论。

三、课程目标

本课程旨在帮助学生系统掌握翻译活动的发展脉络,清晰了解翻译思想的传承与发展,概要熟练中外文化的沟通与交流。通过系统讲授中外翻译传统,展现中外翻译思想的生发、流变过程,为当下"讲好中国故事",为"中国文化走出去"奠定理论根基与智力基础。

四、适用对象

本课程适用于外国语言文学一级学科翻译专业硕士教育(MTI)及相关方向的硕士研究生。

五、授课方式

采用以学习者为中心的任务型教学法。具体而言,教师以专题或人物为中心设置研究任务,提出要求并提供参考书目、学术网址等教学资源,要求学生按照一定的程序和顺序完成预习或自主学习。在课堂教学中以问题为驱动,展开讨论,师生互动,或者采用小组演示,同行评价,教师总结的方式进行。

六、课程内容

基于中外翻译简史的涵盖范围较广,因此本课程内容设置不以国别为单位,而以中外翻译活动的发展轨迹及其翻译理念的生发、演变过程为单位。本课程设置为 16 周 32 课时,7 个课程模块。主要模块及内容如下:

第一模块"课程介绍"是对本课程培养目标及中外翻译简史课程的总体介绍,具体包括课程计划、目的和要求。这一模块还涉及翻译史核心概念的介绍,如翻译史的定义、研究对象、研究方法、功能和特性等。

第二模块"宗教典籍翻译史"聚焦于佛经、《圣经》《古兰经》等宗教典籍的翻译及典型翻译家的介绍。

第三模块"科技文献翻译史"探讨中外科技翻译史上的主要活动、代表性科技翻译家及其思想。

第四模块"文学经典翻译史"主要梳理中外文学翻译的典型时段及典型翻译家。

第五模块"翻译与文化价值的传播"部分主要探索百年来马克思主义、西方哲学、政治学、经济学在中国的翻译及传播状况。

第六模块"翻译与民族文学的兴起"围绕翻译如何为民族文学的发展做出贡献,如何催生新文学或在历史关键时刻改变民族文学的走向等。

第七模块"翻译与域外知识传播"呈现翻译对于知识传播的影响。翻译不仅仅是两种语言之间的转换,更是两种文化、两种知识之间的转换和转移。

七、考核要求

课程考核主要依据课堂讨论和小组贡献、学生的课堂展示效果,以及期末论文给分。前两个部分的考核依据为学生的阅读和讨论认真程度、是否联系实际、演讲与课堂讨论、出勤情况以及学习态度。

八、编写成员名单

屠国元(宁波大学)、吴赟(同济大学)、贺爱军(宁波大学)

08　交替传译

一、课程概述

本课程是外国语言文学一级学科翻译专业硕士教育(MTI)的核心课程,可根据本校学生情况在第二学期或第二学年开设。旨在系统教授从原语理解、信息记忆到译语产出全过程所涉及的交替传译基本技能。课程以技能训练为主线,包括意义听辨、短期记忆、笔记、语言转换、公共演讲、数字处理、跨文化交际等技能,同时注重培养学生的职业意识。

二、先修课程

口译理论与技巧。

三、课程目标

(1)学会"听意义"而不是"听语言",并能对接收到的信息进行逻辑化处理;(2)通过不同方法的训练提高短期记忆能力;(3)掌握笔记方法,通过笔记符号回忆并重组信息;(4)掌握双语和数字转换的不同技巧;(5)根据不同语境、语域、主题和讲话人身份,采用适当的语言、副语言和非语言方式进行传译;(6)培养运用各种知识帮助交际各方消除跨文化障碍的意识;(7)培养职业译员工作意识,包括职业道德、译前准备、应对技巧等。课程最终目标旨在培养及提升学生在迎来送往、陪同参观、商务洽谈、国际会议等场合进行交传的能力。

四、适用对象

本课程适用于外国语言文学一级学科翻译专业硕士教育(MTI)及相关口译方向的硕士研究生。

五、授课方式

以技能为主线组织教学,注重技能与话题的关联性。精讲多练,教师示范与学生操练相结合,课堂训练与课后训练相结合,集体训练与单独训练相结合,语言实验室训练与场景模拟训练相结合,教师点评与学生互评相结合。教师可选用公开出版的MTI教材,也可自编教材;鼓励采用与学生水平相当、来自真实口译活动的音视频材料授课,合理运用现代信息教育技术。注意技能及选用材料难度的循序渐进、重视训练的质与量。

六、课程内容

课程内容主要包括交替传译概论(包括交传的定义、过程、特点、基本原则和评估标准)及各项交传技能的讲解和训练。以下技能为课程重点。

课程重点:意义听辨——听意义而不是听语言,有意识地分析语篇或话语特点以及信息的逻辑结构,把握表达的语用意义和讲话人的真实意图;短期记忆——通过信息组织、信息视觉化、大脑重复、信息组块化、信息联想等方法提升短期记忆能力);笔记——手脑并用,通过结构化的笔记符号回忆重组信息;语言转换——内化并灵活运用增补、省略、反说、词性转换、重组等转换技巧;数字转换——灵活掌握两种语言在计数和表达方式上的较大差异;公共演讲——重视语言、副语言和非语言表达,语域、语体恰当;跨文化交际——了解中外文化在思维方式、风俗习惯等方面的不同,树立文化平等意识;职业意识——掌握译前准备方法、各种应急技巧,了解职业道德规范。上述内容可与旅游、会展、教育、文化、体育、经济、科技等话题结合起来训练。

课程难点:一是意义听辨、信息的记忆与提取,都涉及口译的"分心"和一心多用的认知特点;二是数字口译,数字出现往往没有规律,而且常与表示单位的词共现,特别是几个数字和单位连续出现时会给学生造成很大困难,需要坚持不懈的练习;三是时间和副语言控制,一般而言,学生开始口译训练时对时间和节奏掌握不好,同时较多非流利停顿。

七、考核要求

课程考核主要分三部分:(1)课堂表现占40%;(2)课外作业占30%;(3)期末考试占

30%。课堂表现的考核依据为出勤情况、学习态度以及课堂表现;课外作业的考核依据为课外作业完成度及质量;期末考试的考核依据为中英双向连续传译表现。

八、编写成员名单

仲伟合(澳门城市大学)、任文(北京外国语大学)、王丹(广东外语外贸大学)

09　同声传译

一、课程概述

本课程是外国语言文学一级学科翻译专业硕士教育(MTI)的核心课程,可根据本校学生情况在第二学期或第二学年开设。本课程旨在向学生介绍汉外同声传译的基本理论和技能,通过大量视译和"口"译实践,训练学生基于不同原则、不同技巧,实时理解和分析原语信息、协调听说同步的多任务处理、运用目的语再现原语信息的能力。课程以技能训练为主线,包括视译和听译训练。

二、先修课程

口译理论与技巧、交替传译。

三、课程目标

通过精讲多练,本课程应帮助学生达到如下目标:(1) 对内容和语言难度一般的视译材料,能够采取顺句驱动、酌情调整的方式实时完成双向互译;(2) 对内容和语言难度不大的听译材料,通过采取顺句驱动、意群切分、信息提取、逻辑整理、信息重组、信息预测等原则和相关策略,实时产出与原语信息大致相当的译语。课程最终目标旨在培养胜任语言和内容难度不大的会议中进行耳语同传、视译(有稿同传)和无稿同传的能力。

四、适用对象

本课程适用于外国语言文学一级学科翻译专业硕士教育(MTI)及相关口译方向的硕士研究生。

五、授课方式

以技能为主线组织教学,精讲多练,教师示范与学生操练相结合;注重技能发展的递进性、整合性和系统性,先视译后听译,先影子练习后同传练习,先有稿同传后无稿同传。建议采用内容和语言难度相当的演讲音视频和全真会议录音录像为训练材料,强调同传训练的真实性原则。课堂训练之外,应有大量课外音视频资料同传的训练要求。语言实验室训练与模拟会议相结合，教师点评与学生互评相结合。

六、课程内容

课程内容主要包括同声传译概论（同传的定义、过程、特点、基本原理和评估标准）、主要原则和技能的讲解与训练。以下原则和技能为课程重点。

课程重点分三部分叙述：

1. 同传基本原则包括顺句驱动、酌情调整、逻辑整理、适度超前、信息重组、合理简约、总体等值等。具体体现为以下主要技巧或策略：断句、等待、预测、增译、简译、重复、反说、词性转换、省略、概括、解释、原音模仿等等。

2. 视译部分：（1）视译既是同传的一种形式（有稿同传），也是（听译）同传的前期准备。（2）"顺句驱动、酌情调整"是视译采用的主要原则，既要尽量利用原文的语序以减少认知负荷，又不拘泥于原文的词法和句法，重在达意。（3）视译应遵循循序渐进的原则：从文字文本过渡到音视频文本（文字文本可以减轻初学者的畏惧感，便于从一开始就树立全局观），从句群或段落训练过渡到完整篇章训练（按照两种语言的不同特点，将顺句驱动、句子重组、一句多译的训练方式结合起来），从有译文稿过渡到无译文稿（注意讲话人的语速和学生译员跟随的远近程度，讲话人的突然脱稿，都是训练中应注意的问题）。

3. 听译部分：（1）应注重各项技能的单项讲解和整合式训练。（2）强调训练方式的循序渐进，从影子跟读过渡到事后概述（从原语滞后跟读时可替换部分语词和句式，到跟读时倒写数字，再到跟读结束后用原语/目的语综述内容，不断增加任务的数量和难度），从同一语篇的交传过渡到同传（同一篇讲话可以先交传，再同传，是一种较好的过渡方式），从有稿同传过渡到无稿同传（有稿同传并不总是比无稿同传简单，但前者有益于初学者的心理建设）。（3）培养学生善于总结常用句式自动化加工处理的意识，以减少认知负荷。（4）培养学生团队合作的精神。

课程难点：（1）听说同步、多任务处理是同传初学者面临的最大问题，易引发畏难情绪，需要循序渐进，持之以恒的练习。（2）听译时容易受到原语语言形式影响而译语生硬，需引导学生做到"得意忘形"；（3）同传时译员语速受制于讲话人的语速及表达方式，找到一个适合自己的听说时差（EVS）、同时又是听众友好型的翻译方式需要不断尝试。（4）培养良好的"同传箱习惯"（booth manner）要从一开始做起。

七、考核要求

课程考核主要分三部分：（1）课堂表现占 40%；（2）课外作业占 30%左右；（3）期末考试占 30%左右。课堂表现的考核依据为出勤情况、学习态度以及课堂表现；课外作业的考核依据为课外作业完成度及质量；期末考试的考核依据为中外双向同传表现，可以是视译+听译，也可以根据本校学生情况只做视译或听译。

八、编写成员名单

仲伟合（澳门城市大学）、任文（北京外国语大学）、王丹（广东外语外贸大学）、张丽华（广东外语外贸大学）

全国翻译硕士教指委 2008 年教研项目立项名单

序号	负责人	单位	课题名称
1	柴明颎	上海外国语大学	MTI 口译教学的技能化研究和探索
2	王立弟	北京外国语大学	海峡两岸暨香港、澳门翻译教学比较研究
3	仲伟合	广东外语外贸大学	MTI 口译教材体系规划
4	穆 雷	广东外语外贸大学	MTI 课程设置
5	黄振定	湖南师范大学	MTI 笔译教学的实验探索与理论研究
6	屠国元	中南大学	MTI 笔译教材体系规划

全国翻译硕士教指委 2009 年教研项目立项名单

序号	负责人	单位	课题名称
1	王克非	北京外国语大学	翻译水平考试比较研究
2	赵军峰	广东外语外贸大学	从目标管理到过程管理：MTI 管理体系探索
3	苗 菊	南开大学	科学构建 MTI 笔译教学模式
4	刘敬国	复旦大学	MTI 笔译能力培养研究
5	陈 菁	厦门大学	MTI 口译职业能力评估研究
6	许 钧 高 方	南京大学	翻译专业理论类教材编写研究

全国翻译硕士教指委 2010 年教研项目立项名单

序号	负责人	单位	课题名称
1	何其莘	北京外国语大学	翻译硕士专业学位新增试点单位评审指标体系和试点培养单位评估指标体系
2	马会娟 吴 青	北京外国语大学	翻译硕士专业研究生汉译英笔译能力分级研究
3	刘和平	北京语言大学	翻译硕士专业研究生口译能力发展阶段与培养模式研究
4	廖七一	四川外语学院	翻译硕士专业研究生口笔译理论课程的内容与教学
5	任 文 刘 佳	四川大学	翻译硕士专业研究生专业实习研究
6	李 梅	同济大学	翻译硕士专业研究生教学特点研究

全国翻译硕士教指委 2011 年教研项目立项名单

序号	负责人	单位	课题名称
1	平 洪	广东外语外贸大学	翻译硕士专业学位教育指导性培养方案修订与实施研究
2	姜永刚	中国外文局	MTI 教育与翻译行业管理相关制度研究
3	周 明	北京外国语大学	模拟会议在交传课中的应用——MTI 口译教学法探索
4	张 莹	上海外国语大学	MTI 实习设计与管理
5	刘 霁	上海师范大学	由译入史——将"文献编译"引入 MTI "中西翻译史"课程教学的研究
6	王传英	南开大学	MTI 笔译方向翻译项目实习管理研究
7	祝朝伟	四川外语学院	基于翻译能力培养的 MTI 学位论文写作与评估模式探索研究
8	何 宁	南京大学	翻译硕士专业学位论文写作模式探索
9	严 明	黑龙江大学	基于体裁的非文学笔译能力认证考试开发与非文学笔译能力等级量表研究
10	崔长青	外交学院	公共外交新形势下外交外事 MTI 翻译教学转型
11	高 彬	对外经贸大学	商务口译系列课程建设研究
12	姚 虹	北京语言大学	翻译硕士专业笔译应用能力培养模式研究——以项目进课堂为例
13	潘克建	广西民族大学	基于地方常规性国际会议的 MTI 实习管理模式探索——以广西民族大学为例
14	杨朝军	河南大学	MTI 口译课程体系发展创新工程践行探析
15	陈秋劲	武汉大学	MTI 法律英语翻译教学法探索：案例教学模式

序号	负责人	单位	课题名称
16	于艳玲	武汉理工大学	危机意识视阈下的 MTI 立体化教学模式及质量监控体系优化研究
17	文 旭	西南大学	全日制翻译硕士专业学位研究生培养与管理模式研究
18	王 建	西南政法大学	《法律法规翻译》的交互式教学模式探索
19	游振声	重庆大学	基于校企协作的 MTI 实习质量管理策略研究
20	陈清贵	西南科技大学	MTI 实习基地与校外合作硕导认证标准研究
21	尤泽顺	福建师范大学	MTI《跨文化交际》课程教与学：目的、方法与效果评估
22	陈小慰	福州大学	MTI 教学中修辞意识的培养研究
23	宋 燕	山东科技大学	英语翻译硕士口译方向课程教学模式研究
24	李正栓	河北师范大学	省属高校翻译硕士实习基地建设模式探索——以河北师范大学为例
25	胡 强	湘潭大学	翻译硕士专业口译实习管理研究
26	吴志杰	南京理工大学	MTI 翻译职业道德课程的建构研究
27	陈文安	宁波大学	基于网络的交互式翻译实践社群教学研究

全国翻译教指委 2013 年教研项目立项名单

序号	负责人	单位	课题名称
1	张爱玲	上海外国语大学	MTI 毕业考试设计
2	穆 雷	广东外语外贸大学	MTI 实习基地与兼职教师认证与管理的具体实施方案
3	黄国文	中山大学	MTI 学位论文写作模式与评估模式探索
4	何 群	外交学院	国家层面外事口译对 MTI 教学要求之调查
5	冯 奇	上海大学	MTI 兼职导师立体管理模式
6	宋 缨	同济大学	语块与口译能力相关性研究
7	聂文信	西安交通大学	医学口笔译翻译人才培养模式实践研究
8	仇蓓玲	南京大学	MTI 非文学翻译课程全阶段教学模式探索
9	蔡 斌	河海大学	多科型大学翻译专业硕士的培养途径探讨
10	王 宏	苏州大学	MTI 学生汉译英能力培养探索
11	肖晓燕	厦门大学	MTI 框架下增设手语翻译的可行性研究
12	和 静	北京外国语大学	校企生三元互动下的 MTI 实习模式探索研究
13	宁圃玉	华北电力大学	电力行业 MTI 人才培养模式的研究
14	孔祥立	上海理工大学	MTI 的专业化、特色化及市场化建设研究
15	王文捷	广西大学	基于中国一东盟自贸区平台的 MTI 实践教学形成性评估体系研究
16	刘雪芹	广西民族大学	MTI 民族文化典籍英译课程教学探索
17	黄 勤	华中科技大学	基于实证分析的 MTI 行业兼职教师管理研究
18	贺 莺	西安外国语大学	教育学视角下的 MTI 课程整合研究
19	张宵军	陕西师范大学	中英翻译技术类硕士课程教学比较研究

序号	负责人	单位	课题名称
20	胡敏霞	四川大学	短时间提升同传译员的处理能力——MTI同传课实证研究
21	肖开荣	西南大学	认知视角的 MTI 学生笔译能力现状与培养模式研究
22	吴格非	中国矿业大学	翻译硕士专业学位双导师制合作机制与效能研究
23	赵 雯	东北大学	基于"沈阳经济区"翻译人才需求分析的区域翻译硕士课程建设研究
24	杨 慧	吉林师范大学	MTI 毕业考试设计多元化研究
25	彭明新	吉林华侨外国语学院	民办外语类院校 MTI 培养模式的创新与实践
26	岳 峰	福建师范大学	从翻译到译审—— MTI 传媒翻译教学法探索
27	王青梅	宁波大学	多模态视域下的法律翻译教学研究
28	马丽娟	新疆大学	MTI 新疆多元文化特色课程教学模式探索

全国翻译教指委 2014 年教研项目立项名单

序号	负责人	单位	课题名称
1	崔启亮	对外经济贸易大学	MTI 本地化课程设计与教学探索
2	赵秋荣	北京科技大学	基于复合语料库的 MTI 笔译教学研究
3	王传英	南开大学	语言服务视域下的职业翻译教育
4	袁晓宁	东南大学	MTI 笔译（外宣英译）教学方法研究
5	朱 波	南京航空航天大学	依托翻译项目的 MTI 翻译史课程构建 ——以《翻译与身份》译介为例
6	周文革	湖南科技大学	MTI 翻译及本地化管理项目课程设计
7	陈小慰	福州大学	《非文学翻译》课程教学案例库研究与建设
8	赵军峰	北京外国语大学	面向翻译立法的中国翻译行业职业化进程 研究
9	曹 莉	北京理工大学	MTI 平台下科技翻译人才培养模式比较研究
10	佟敏强	黑龙江大学	基于话语实践共同体理念指导下的 MTI 翻译工作坊设计研究
11	刘瑾玉	内蒙古大学	内蒙古"非遗"外宣英译项目驱动下的 MTI 教学模式探索
12	崔雅萍	西北大学	翻译硕士就业能力实证研究
13	刘艳芬	宁夏大学	MTI 实习管理探索——以宁夏大学为例
14	郭力嘉	电子科技大学	基于西部口译人才需求分析的多维 MTI 口译教学模式研究——以川、渝两地为例
15	邓 琪	重庆大学	理工类院校 MTI 翻译能力模式构建及翻译 能力培养研究
16	陈压美	西南科技大学	西南科技大学 MTI 专业订单式培养 ——校企合作人才培养模式的探索

序号	负责人	单位	课题名称
17	李红玉	上海外国语大学	语言服务背景下的专业翻译人才培养——加拿大专业翻译人才培养对我国的启示
18	罗 晖	宁波大学	"产、学、研"一体化 MTI 培养模式探究
19	何文静	三峡大学	MTI 专业硕士学位研究生毕业考试职业导向模式探讨
20	邓小玲	广东外语外贸大学	复语型翻译硕士专业课程设计
21	黄 瑛	云南师范大学	西南边疆地区翻译人才培养特色研究
22	杨 跃	西安电子科技大学	MTI 科技笔译人才培养模式的探索与实践
23	韩倩兰	广西民族大学	中国—东盟自由贸易区背景下国际经贸语言服务专业人才的培养模式探索
24	王密卿	河北师范大学	燕赵文化外宣意识与翻译专业学位研究生培养关联研究
25	朱伊革	上海师范大学	MTI 新闻编译课程的项目教学法探索
26	胡 新	南京农业大学	MTI 笔译教学中技术写作课程教学模式研究
27	杨荣华	河海大学	以项目为依托的案例式 CAT 课程教学模式探索
28	黄际英	吉林华桥外国语学院	"长吉图"先导区 MTI 实习基地建设——"校企、校政、校内"三元互动模式探索

全国翻译教指委 2015 年教研项目立项名单

序号	负责人	单位	课题名称
1	张 政	北京师范大学	MTI 翻译技术（CAT）课程教学评价体系的建构与研究
2	王建斌	北京外国语大学	德语翻译硕士（MTI）教学现状实证研究——基于国内高校德语 MTI 的调查
3	刘 熠	东北大学	MTI 教师职业发展需求调查与研究
4	王立非	对外经济贸易大学	MTI 研究生就业能力研究及解决方案
5	姜 倩	复旦大学	《翻译概论》课程教学效果评估探索
6	穆 雷	广东外语外贸大学	MTI 学位论文写作模式与评价体系
7	李 雪	广西民族大学	民族地区 MTI 学生口译实践"师徒"模式初探——以广西民族大学为例
8	牛云平	河北大学	MTI 研究生毕业论文理论素养提升研究
9	关秀娟	黑龙江大学	MTI 学生误译的语料库研究
10	邓 媛	湖南大学	MTI 学生译员口译焦虑多元化认知干预模式研究
11	王显志	华北理工大学	依托校内外实践基地的 MTI"一体两翼"人才培养模式研究
12	唐 斌	华东交通大学	"一带一路"倡议背景下行业特色 MTI 人才培养模式研究
13	黄晓佳	华南师范大学	翻译硕士课程案例库建设初探
14	李正实	吉林华桥外国语学院	以服务地方经济发展为导向的 MTI 朝鲜语同声传译教学案例库建设与应用
15	张志清	暨南大学	翻译硕士专业学位研究生职前的职业胜任力测评研究

序号	负责人	单位	课题名称
16	潘 震	江苏师范大学	认知语言学视角下的 MTI 笔译教学方法研究
17	王 庆	辽宁师范大学	MTI 学生非语言口译技能的培养与提高
18	武 锐	南京农业大学	以外译问题为导向的 MTI 笔译教学方法探索
19	何三宁	南京信息工程大学	MTI 学位论文写作模式与评估模式探索
20	苗 菊	南开大学	翻译服务业伦理体系构建研究
21	郑丽莉	内蒙古大学	MTI 特色培养模式下的蒙古族文化典籍英译教学探讨
22	康 宁	青岛科技大学	他山之石：MTI 案例编写与案例教学实施——以 MBA 案例教学为借鉴
23	宋 燕	山东科技大学	MTI 学位论文评价体系研究
24	杨冬敏	陕西师范大学	MTI 教育与翻译资格考试衔接机制研究
25	方 红	首都师范大学	MTI 学生笔译能力发展与培养模式研究
26	佟晓梅	天津外国语大学	学习者语料库建设在翻译工作坊教学中的价值体现分析
27	黄 敏	武汉大学	MTI 入学考试构念效度研究
28	马 刚	西安电子科技大学	校企合作模式下的 MTI 翻译实践管理
29	谭祎哲	西安理工大学	MTI 口译工作坊教学模式研究
30	石春让	西安外国语大学	以"全球本土化"理论为指导的 MTI 笔译人才培养模式的探索与实践
31	曹 进	西北师范大学	MTI 隐性课程设置探索——以西北师范大学为例
32	黎 斌	西南交通大学	理工院校基于翻译技术的 MTI 教学模式研究

序号	负责人	单位	课题名称
33	高雅古丽·卡德尔	新疆大学	新疆地方翻译产业需求下的 MTI 教学方法探索
34	杨　璐	长春师范大学	MTI 术语翻译课程教学探索
35	高永刚	中国地质大学	MTI 学生批判性思维之实证研究
36	刘典忠	中国石油大学	基于 ISO 9001 的翻译硕士专业学位研究生（MTI）培养质量保障体系建设研究

全国翻译教指委 2016 年教研项目立项名单

序号	负责人	单位	课题名称
1	孙三军	北京外国语大学	MTI 学位论文选题热点可视化分析及论文结构模式探索
2	刘和平	北京语言大学	口译课堂中的外语焦虑问题：中法、中英硕士班之调查
3	魏 蘅	中国政法大学	法律翻译（英译汉）教学案例建设
4	张成智	河北大学	专利翻译案例库建设
5	刘文霞	华北水利水电大学	河南高校 MTI 实习基地与兼职教师认证与管理实践研究
6	孔维晟	安徽师范大学	MTI 学位论文写作及评估模式的合理性及可行性研究
7	付江涛	河南大学	MTI 英语口笔译案例库建设研究
8	邹 兵	广东外语外贸大学	面向语言服务业的翻译硕士专业学位研究生职业发展路径研究
9	马庆林	西北政法大学	MLTI 复合型人才培养模式研究
10	宫英瑞	青岛大学	MTI 实习基地建设与管理模式探究
11	王一多	解放军国际关系学院	"国防和军队改革"背景下军事 MTI 人才培养模式研究
12	曹新宇	南京农业大学	MTI 国际化培养模式探索
13	许 多	南京师范大学	MTI 法律翻译教学方法探索
14	傅敬民	上海大学	我国 MTI 培养的翻译规范教学体系化研究
15	王炎强	复旦大学	MTI 汉英视译材料难度分级实践研究
16	冯 莉	黑龙江大学	全国 MTI 英汉 / 汉英翻译教材调查研究

序号	负责人	单位	课题名称
17	初胜华	燕山大学	基于"互联网+"学习平台的 MTI 翻转课堂+项目式学习教学模式实证研究
18	周淑娟	吉林华桥外国语学院	地方特色产业俄汉平行语料库建设
19	欧 瑜	云南大学	法译汉教学案例库建设初探——职业译者的素养
20	岳 峰	福建师范大学	翻译项目管理：从实习到实操
21	崔启亮	对外经济贸易大学	全国翻译专业学位研究生教育与就业调查

全国翻译教指委 2017 年教研项目立项名单

序号	负责人	单位	课题名称
1	王书玮	北京科技大学	理工科高校背景下的日语 MTI 人才培养模式探索与实践
2	任　文 姚　斌	北京外国语大学	MTI 口译教学案例库建设
3	林继红	福州大学	MTI 实习实践基地建设与管理
4	欧阳东峰	广东工业大学	工科院校 MTI 项目课程的开发与设计研究
5	许　艺	广东外语外贸大学	MTI 教师能力评价体系构建研究
6	李占喜	华南农业大学	涉农特色非文学笔译课程教学效果评估研究
7	王晓惠	广西大学	面向"一带一路"的 MTI 教学改革研究——基于 248 篇广西高校 MTI 笔译学位论文的实证研究
8	刘　娅	湖北中医药大学	中医院校 MTI 课程体系的构建研究
9	王湘玲	湖南大学	MTI 教师能力发展模型构建与实证研究
10	刘　彬	长沙理工大学	MTI 学位论文模块化和规范化研究
11	李海平	吉林华桥外国语学院	MTI 手语翻译人才培养模式研究
12	李春姬	大连外国语大学	MTI 实习规范化管理模式探索与实践
13	李家坤	沈阳建筑大学	建筑规范双语平行语料库的创建及其在 MTI 教学中的应用研究
14	石春让	西安外国语大学	文类学理论指导下的 MTI 科普翻译课程教学方法及笔译人才培养模式研究
15	王燕萍	西安电子科技大学	MTI 翻译实践报告的写作模式与评估模式探索

序号	负责人	单位	课题名称
16	胡开宝	上海交通大学	翻译硕士专业学位教育评估体系的研究与构建
17	王 勇	上海理工大学	《汉英笔译》课程教学模式研究
18	姜 梅	云南农业大学	基于云南高原农业特色的 MTI 农业科技英语翻译教学研究
19	周澄雷	上海中医药大学	中医翻译语料库在 MTI 翻译教学中的应用研究
20	刘 佳	四川大学	MTI 人才培养阶段性模式探索

全国翻译教指委 2018 年教研项目立项名单

序号	负责人	单位	课题名称
1	张翠玲	北京科技大学	全球化视域下 MTI 翻译理论课教学模式研究
2	张 政	北京师范大学	基于项目的 MTI 人才培养研究：理论与实践
3	李明秋	大连海洋大学	MTI 涉海科技翻译教学方法及人才培养创新体系研究
4	李 洋	东北大学	基于语料库的口译语块教学案例库建设
5	王巍巍	广东外语外贸大学	面向口译行业的职业道德规范的建设探索
6	叶慧君	河北大学	翻译专业硕士中国文化对外传播能力培养路径研究
7	赵护林	河南师范大学	句子翻译、段落翻译与语篇翻译效度对比研究
8	朱文晓	河南中医药大学	中医药院校翻译硕士专业教学模式探索
9	邢 星	湖北大学	MTI 口译学能测试预测效度研究
10	周文革	湖南科技大学	计算机辅助翻译的译后编辑教学与研究
11	傅琳凌	华南师范大学	师范类院校的 MTI 人才特色培养模式探索
12	张 娟	华中农业大学	英国视听翻译教学对我国 MTI 教学的启示
13	李正实	吉林华桥外国语学院	基于多模态语料库的朝鲜语口译（MTI）技能化教学模式探索
14	朱叶秋	南京大学	MTI 翻译实践报告写作模式研究
15	祝一舒	南京林业大学	"中外翻译史"课程教学探索
16	刘瑾玉	内蒙古大学	美国汉学研究中心汉英翻译课程与国内 MTI 教学模式比较研究
17	邢富坤	青岛大学	MTI 机辅翻译教学案例库建设
18	李稳敏	陕西科技大学	MTI 专业实习"3F"模式构建研究

序号	负责人	单位	课题名称
19	杨冬敏	陕西师范大学	MTI 口译实践报告类学位论文写作及评估模式探讨
20	袁丽梅	上海大学	平行文本在 MTI 教学中的应用与译者自主学习能力的培养
21	邓军涛	武汉工程大学	MTI 信息化口译教学资源的内涵、价值与开发路径
22	林　娜	西南交通大学	基于分级语料的理工 MTI 教学案例库建设
23	仝亚辉	战略支援部队信息工程大学洛阳校区	MTI 实习管理方式探讨
24	李思龙	浙江理工大学	理工科院校 MTI 教育的三个核心能力建设研究
25	孙　波	中国科学技术大学	基于 n 元实词序列的英汉法律翻译质量自动评估研究
26	仲文明	中南大学	MTI 教学案例库建设模式研究
27	赵军峰	广东外语外贸大学	《翻译硕士研究生核心课程指南》编写
28	穆　雷	广东外语外贸大学	《翻译硕士专业学位发展报告》编写

全国翻译教指委 2019 年教研项目立项名单

序号	负责人	单位	课题名称
1	鲍德旺	南京航空航天大学	MTI"行业翻译实训"课程设置研究
2	鲍志坤	南京林业大学	MTI 英语翻译工具书使用研究
3	冯 莉	黑龙江大学	中国英语能力等级量表在 MTI 教育中的应用
4	李希希	四川外国语大学	面向语言服务行业需求的 MTI 口译课程设置研究
5	厉 平	曲阜师范大学	语言服务业背景下 MTI 专业实习考核评价体系构建
6	梁建民	辽宁石油化工大学	基于石油石化产业链仿真平台的石油特色课程建设研究
7	龙 翔	桂林电子科技大学	电子信息类院校 MTI 专业深度教育模式探究
8	唐 渠	桂林理工大学	广西旅游文化英汉平行语料库创建与及其在 MTI 教学中的应用研究
9	王良兰	重庆医科大学	医学院校 MTI 实习基地建设探索
10	王 莹	深圳大学	MTI 学生译员同传焦虑的个案研究
11	肖 琳	江西财经大学	MTI 学习者笔译能力发展模式的实证研究
12	原蓉洁	华东师范大学	面向口译初级阶段学习者的课堂材料选择研究
13	张智成	河北大学	翻译与搜索案例库
14	赵秋荣	北京科技大学	复合语料库视角下的 MTI 学生译者翻译质量评估研究
15	邹 兵	广东外语外贸大学	MTI 学位论文评审与管理平台建设研究
16	陈思佳	西南大学	人工智能辅助新型口译模式的构建及教学研究

序号	负责人	单位	课题名称
17	朵宸颉	天津外国语大学	阿拉伯语 MTI 笔译混合教学模式探索
18	郭 聪	中山大学	MTI 医疗笔译课程合作教学模式探索
19	郭冬辉	齐鲁工业大学	理工高校 MTI 英语科技文学笔译教学研究
20	贾兰兰	华东师范大学	MTI 学位论文写作模式与教学探索
21	简功友	吉首大学	民族地区 MTI 服务性学习人才培养模式研究
22	李满亮	内蒙古大学	翻译硕士专业学位研究生培养本土化研究
23	刘 鑫	大连理工大学	澳大利亚高校口译人才培养模式对我国 MTI 口译教育的启示
24	庞文薇	同济大学	MTI 汉德口译外宣人才培养方法研究
25	覃芳芳	三峡大学	CATTI 考试与 MTI 教育的衔接模式研究
26	田 璐	广东外语外贸大学	文体意识在 MTI 翻译教学中的培养研究
27	仝亚辉	信息工程大学	MTI 实习基地与兼职教师认证及管理方法探索
28	王 昕	青岛大学	MTI 学位论文写作与评价模式探索
29	徐 欣	曲阜师范大学	基于多维分析的 MTI 翻译实践报告质量评估模式研究
30	杨晓华	西安外国语大学	MTI 专业文类翻译专长模型建构与培育研究
31	杨正军	江西师范大学	MTI 课程思政建设的探索与实践研究
32	张 静	四川师范大学	MTI 教师翻译技术素养行动研究
33	赵斌斌	吉林外国语大学	MTI 法语交替传译教学案例库建设及研究
34	赵亚莉	空军工程大学	空军 MTI 特色人才培养体系改革与实践
35	周海燕	山西师范大学	以培养 MTI 学生翻译实践能力为导向的"计算机辅助翻译"课程教学改革

全国翻译教指委 2020 年教研项目立项名单

序号	负责人	单位	课题名称
1	徐秀玲	北京外国语大学	MTI 学位论文语料库的创建及应用研究
2	昔秀颖	上海外国语大学	以语言服务需求为导向的朝鲜语 MTI 商务方向人才培养研究
3	梁伟玲	广东外语外贸大学	MTI 教师课堂测评素养研究
4	马海燕	海南师范大学	地方高校 MTI 实习管理模式探索
5	朱英丽	东北师范大学	以语言服务为导向的"笔译＋技术"型俄语翻译硕士培养模式研究
6	李 洋	东北大学	语块化口译教学方法的探索与实践
7	杨姗姗	华中师范大学	基于眼动的 MTI 学生译员与职业译员高语速带稿同传对比研究
8	吕 黎	中南财经政法大学	聋人应急语言服务人才培养研究
9	彭 莹	成都理工大学	MTI 毕业论文中理论依据使用不当的分析及建议
10	李希希	四川外国语大学	MTI 应急口译人才培养研究
11	刘云虹	南京大学	新时代高水平法语笔译人才培养探索与实践
12	陶李春	南京邮电大学	MTI"计算机辅助翻译"课程考核研究
13	马晶晶	云南师范大学	民族地区 MTI 教师专业发展路径研究
14	赵毅慧	西安外国语大学	语言服务业与 MTI 人才培养的产教融合机制研究
15	赵亚莉	空军工程大学	空军对外军事翻译虚拟仿真实验教学模式研究
16	刘宁宁	河南大学	MTI 专业课程《跨文化交际》建设研究

序号	负责人	单位	课题名称
17	郑剑委	武汉工程大学	MTI 学生翻译实践思政意识现状与培养对策研究
18	刘 珊	武汉纺织大学	基于 PACTE 模型的 MTI 毕业考试指标体系研究
19	刘雪芹	广西民族大学	MTI 英汉汉英视译教学案例库建设
20	田玉霞	内蒙古工业大学	MTI《应用翻译》智慧课堂＋实训平台教学模式探索
21	张 密	吉林外国语大学	意大利语 MTI 教学案例库建设
22	冷冰冰	上海理工大学	国家笔译服务规范指导下的 MTI 科技笔译教学模式探索
23	黄德先	中国民用航空飞行学院	MTI 笔译理论与技巧课程教学方法探索
24	赵 晶	北京科技大学	语言服务背景下 MTI 科技翻译教学的内涵式发展研究
25	黄 剑	中央财经大学	MTI 翻译课程内容与翻译一体化教学模式探究
26	王紫薇	浙江师范大学	后疫情背景下远程合作教学模式的构建与实践
27	陈向红	浙江财经大学	大思政格局下《中外翻译史》教学探索
28	王晓燕	湖南工业大学	助力先进制造业国际化发展的 MTI 教学案例库建设
29	孙成志	大连理工大学	日本高校翻译人才培养模式对我国 MTI 教育的启示
30	李晗佶	沈阳师范大学	译者技术能力驱动下的 MTI 翻译技术教材编写研究
31	云 红	重庆医科大学	后疫情背景下医学特色"2+1+1"MTI 混合教学模式研究

序号	负责人	单位	课题名称
32	仝亚辉	战略支援部队信息工程大学洛阳校区	MTI 英语口笔译特色类课程设置探索
33	穆　雷 赵军峰	广东外语外贸大学	《中国翻译硕士教育探索与发展》编写
34	许　钧	浙江大学	《翻译概论》学研结合教学模式探索

全国翻译教指委 2021 年教研项目立项名单

序号	负责人	单位	课题名称
1	陈 晨	华中师范大学	基于《中国英语能力等级量表》的 MTI 口译课程形成性评估研究
2	陈佳妮	上海财经大学	MTI 财经口译"虚拟仿真＋线上＋线下"混合式教学模式创新与实践
3	崔启亮	对外经济贸易大学	MTI 毕业生学位点满意度调查的管理启示——基于"三全育人"视角
4	傅琳凌	华南师范大学	基于粤港澳大湾区语言服务需求的 MTI 人才培养研究
5	胡安江	四川外国语大学	线上线下混合式翻译专业教学管理与人才培养
6	吉 晋	四川大学	后疫情背景下 MTI 医学口译教学探索
7	吉 乐	西安交通大学	基于译员职业素养教育的医学翻译史教材建设研究
8	焦 丹	河南工业大学	课程思政在翻译专业硕士教育中的融合、设计与实施
9	李家坤	沈阳建筑大学	基于建筑典籍的建筑翻译教学案例库建设研究
10	李明秋	大连海洋大学	MTI 涉海高校特色课程设置与教学方法探索
11	李思乐	湖北中医药大学	针灸术语英汉平行语料库的创建及其在 MTI 教学中的应用研究
12	李 雯	海南师范大学	海南自贸港建设背景下特色 MTI 人才培养模式研究
13	卢冬丽	南京农业大学	基于翻译生成论的日语 MTI 笔译理论与实践课程教学探索

序号	负责人	单位	课题名称
14	卢巧丹	浙江大学	新文科背景下 MTI 创新实践教学体系探索与实践
15	吕立松	南方医科大学	后疫情背景下医药类 MTI 人才培养模式探索研究
16	欧阳东峰	广东工业大学	新文科背景下粤港澳大湾区高端科技翻译人才培养研究
17	唐韧	宁波大学	提升 MTI 翻译教学质量的优选模式元认知研究
18	陶李春	南京邮电大学	MTI "语言服务与翻译技术" 课程考核探索
19	佟敏强	黑龙江大学	主体参与视域下 MTI 培养阶段的教学管理模式研究
20	万涛	南昌航空大学	融合 "学习强国" 平台的 MTI 研究生翻译实践路径探索
21	王伦	景德镇陶瓷大学	项目教学法与案例教学法在 MTI "陶瓷艺术翻译" 教学中的互补应用研究
22	徐微洁	浙江师范大学	MTI 非洲专题翻译教学案例资源库建设和应用研究
23	许方	华中科技大学	MTI 法汉口译课程建设探索
24	许艺	广东外语外贸大学	基于在线诊断测评的 MTI 口译教学反馈模式研究
25	杨冬敏	陕西师范大学	陕西博物馆资源融入 MTI 笔译教学的特色培养模式研究
26	杨占	重庆医科大学	以西部地区医学翻译需求为导向的 MTI 翻译人才培养模式探索
27	张清	中国政法大学	翻译硕士（MTI）人才培养模式研究——以政法类院校翻译硕士课程体系设置为例
28	张艳玲	中国民航大学	民航特色院校翻译教学案例库建设研究
29	郑晔	上海外国语大学	翻译职业道德行业标准建设探索

259

序号	负责人	单位	课题名称
30	朱文晓	河南中医药大学	"立德树人"视域下 MTI 中医药翻译教学案例库建设研究
31	曹怀军	西安外国语大学	校企合作专利翻译教学中的高校缺位问题解决路径
32	柴橚	兰州大学	基于超星学习通平台混合教学模式下的 MTI 口译类课程建设
33	陈河	西北政法大学	新文科建设背景下的法律翻译虚拟仿真实验教学模式研究
34	陈亚杰	内蒙古工业大学	后疫情背景下民族地区 MTI 人才培养问题研究——以内蒙古自治区为例
35	段荣娟	太原理工大学	后疫情背景下 MTI 在线智能翻译教学模式探索
36	顾维忱	河北师范大学	MTI 法律翻译人才培养策略研究报告
37	郭凤鸣	成都理工大学	MTI 专业实践全过程管理与质量评估机制探索
38	郭亭亭	中原工学院	主体间性哲学视域下 MTI 英语笔译人才培养范式研究与实践
39	韩淑芹	中国石油大学（华东）	MTI "口译理论与技巧"线上线下混合式教学设计创新研究
40	胡伟华	西安工程大学	特色工科院校文工交叉 MTI 复合型人才培养的探索与实践
41	姜莉	北京师范大学	鉴古知今：中西方翻译名家史传（MTI "中西方翻译简史"教学案例库建设）
42	李秋梅	福建师范大学	基于语料库的 MTI 笔译学生复杂句英译失误问题与对策研究
43	刘芳华	长春师范大学	MTI 翻译技术课程校际共建共享研究——以"北京语言大学—长春师范大学翻译技术校际共建共享中心"的实践为例

序号	负责人	单位	课题名称
44	刘　颖	中国传媒大学	国际传播背景下传媒行业翻译（MTI）人才需求规格的调查与研究
45	刘中阳	西安理工大学	水利水电专业翻译术语库建设与应用案例研究
46	欧阳聪颖	成都体育学院	体育类院校学生译员专长培养研究
47	彭石玉	武汉工程大学	MTI 教育与翻译人才思政建设路径探索——以武汉工程大学"一核两翼三创"模式为例
48	秦　琴	河南理工大学	申遗成功背景下 MTI 课程"太极文化翻译"教学法探究
49	任东升	中国海洋大学	"涉海法律英语翻译"教学案例库
50	陶　金	大连海事大学	MTI 日语（笔译方向）特色化教学方法探索——以"航海文献翻译与研究"混合课程建设为例
51	仝益民	大连理工大学	基于移动端同伴互评的 MTI 笔译课程评定方式和评价量规设计及学生参与度研究
52	汪宝荣	杭州师范大学	新时代国际传播能力为导向的 MTI 教育探索
53	王　璐	山东财经大学	MTI 学位论文之翻译实践报告的写作问题及应对策略研究
54	王炎强	复旦大学	服务学习理念下的口译课程思政教学创新
55	王奕红	南京大学	基于教授者翻译出版经验的 MTI 笔译教学"日文名著汉译"案例库建设研究
56	吴晶晶	广西科技大学	基于联盟链模型的 MTI 产教融合实践平台建设研究
57	吴　蕾	东华大学	纺织服装特色翻译教学案例库建设
58	肖开容	西南大学	翻译硕士笔译课程案例库建设

序号	负责人	单位	课题名称
59	邢富坤	青岛大学	MTI 机辅翻译多平台案例库建设
60	徐丽华	西安邮电大学	后疫情背景下 MTI 混合式教学教师能力研究
61	徐永红	上海中医药大学	中医药译介机构演变与发展研究
62	张晓雪	华东师范大学	机器翻译时代的 MTI 译写教学探索
63	赵田园 朱玉犇	北京外国语大学	课程思政视角下多模态翻译职业伦理教学案例库建设
64	赵　颖	大连外国语大学	"视译"课程融入"习近平谈治国理政"内容的课程思政教学研究和实践
65	周正履	西安电子科技大学	翻译硕士专业学位论文写作课程教学探索与实践

全国翻译硕士专业学位（MTI）研究生培养单位名录

（截至 2021 年 12 月，共 315 所）

序号	批次	地区	院校名称	获批年份
1	第 1 批		北京外国语大学	2007
2	第 1 批		北京大学	2007
3	第 2 批		首都师范大学	2008
4	第 2 批		对外经济贸易大学	2008
5	第 2 批		北京语言大学	2008
6	第 2 批		北京师范大学	2008
7	第 2 批		北京航空航天大学	2008
8	第 2 批		北京第二外国语学院	2008
9	第 3 批	北京 （28 所）	中国地质大学（北京）	2010
10	第 3 批		中国石油大学（北京）	2010
11	第 3 批		中国矿业大学（北京）	2010
12	第 3 批		中国科学院大学	2010
13	第 3 批		外交学院	2010
14	第 3 批		华北电力大学	2010
15	第 3 批		国际关系学院	2010
16	第 3 批		北京邮电大学	2010
17	第 3 批		北京林业大学	2010
18	第 3 批		北京理工大学	2010

序号	批次	地区	院校名称	获批年份
19	第 3 批		北京科技大学	2010
20	第 3 批		北京交通大学	2010
21	第 5 批		中国政法大学	2014
22	第 5 批		中国人民大学	2014
23	第 5 批		中国传媒大学	2014
24	第 5 批	北京 （28 所）	首都经济贸易大学	2014
25	第 5 批		北京工商大学	2014
26	第 8 批		中央民族大学	2017
27	第 8 批		中央财经大学	2017
28	第 8 批		北京中医药大学	2017
29	第 1 批		南开大学	2007
30	第 2 批		天津外国语大学	2008
31	第 3 批		天津师范大学	2010
32	第 3 批		天津理工大学	2010
33	第 3 批	天津 （8 所）	天津大学	2010
34	第 3 批		天津财经大学	2010
35	第 5 批		中国民航大学	2014
36	第 9 批		天津商业大学	2018
37	第 3 批		燕山大学	2010
38	第 3 批	河北 （11 所）	华北理工大学	2010
39	第 3 批		河北师范大学	2010

序号	批次	地区	院校名称	获批年份
40	第 3 批	河北（11 所）	河北大学	2010
41	第 5 批		河北科技大学	2014
42	第 5 批		河北工业大学	2014
43	第 5 批		河北传媒学院	2014
44	第 8 批		河北农业大学	2017
45	第 8 批		河北经贸大学	2017
46	第 11 批		石家庄铁道大学	2021
47	第 11 批		河北工程大学	2021
48	第 3 批	山西（3 所）	太原理工大学	2010
49	第 3 批		山西师范大学	2010
50	第 3 批		山西大学	2010
51	第 3 批	内蒙古（4 所）	内蒙古师范大学	2010
52	第 3 批		内蒙古大学	2010
53	第 7 批		内蒙古工业大学	2016
54	第 11 批		内蒙古农业大学	2021
55	第 2 批	辽宁（12 所）	大连外国语大学	2008
56	第 3 批		沈阳师范大学	2010
57	第 3 批		辽宁师范大学	2010
58	第 3 批		辽宁大学	2010
59	第 3 批		东北大学	2010
60	第 3 批		大连理工大学	2010

序号	批次	地区	院校名称	获批年份
61	第 3 批	辽宁 （12 所）	大连海事大学	2010
62	第 5 批		沈阳理工大学	2014
63	第 5 批		沈阳建筑大学	2014
64	第 5 批		东北财经大学	2014
65	第 5 批		大连海洋大学	2014
66	第 7 批		辽宁石油化工大学	2016
67	第 2 批	吉林 （9 所）	延边大学	2008
68	第 2 批		吉林大学	2008
69	第 2 批		东北师范大学	2008
70	第 3 批		吉林师范大学	2010
71	第 4 批		吉林外国语大学	2011
72	第 5 批		长春师范大学	2014
73	第 5 批		东北电力大学	2014
74	第 8 批		长春大学	2017
75	第 11 批		吉林化工学院	2021
76	第 2 批	黑龙江 （7 所）	黑龙江大学	2008
77	第 3 批		哈尔滨师范大学	2010
78	第 3 批		哈尔滨理工大学	2010
79	第 3 批		哈尔滨工业大学	2010
80	第 3 批		哈尔滨工程大学	2010
81	第 3 批		东北林业大学	2010

序号	批次	地区	院校名称	获批年份
82	第 5 批	黑龙江 （7 所）	牡丹江师范学院	2014
83	第 1 批	上海 （20 所）	同济大学	2007
84	第 1 批		上海外国语大学	2007
85	第 1 批		上海交通大学	2007
86	第 1 批		复旦大学	2007
87	第 2 批		华东师范大学	2008
88	第 3 批		上海师范大学	2010
89	第 3 批		上海理工大学	2010
90	第 3 批		上海海事大学	2010
91	第 3 批		上海对外经贸大学	2010
92	第 3 批		上海大学	2010
93	第 3 批		东华大学	2010
94	第 5 批		上海中医药大学	2014
95	第 5 批		华东政法大学	2014
96	第 5 批		华东理工大学	2014
97	第 6 批		上海海洋大学	2015
98	第 8 批		上海财经大学	2017
99	第 11 批		上海第二工业大学	2021
100	第 11 批		上海政法学院	2021
101	第 11 批		上海海关学院	2021
102	第 11 批		上海电力大学	2021

序号	批次	地区	院校名称	获批年份
103	第 1 批		南京大学	2007
104	第 2 批		苏州大学	2008
105	第 2 批		南京师范大学	2008
106	第 3 批		中国矿业大学	2010
107	第 3 批		扬州大学	2010
108	第 3 批		南京农业大学	2010
109	第 3 批		南京理工大学	2010
110	第 3 批		南京航空航天大学	2010
111	第 3 批	江苏	江苏师范大学	2010
112	第 3 批	(18 所)	河海大学	2010
113	第 3 批		东南大学	2010
114	第 5 批		南京信息工程大学	2014
115	第 5 批		南京林业大学	2014
116	第 8 批		南京邮电大学	2017
117	第 11 批		苏州科技大学	2021
118	第 11 批		南通大学	2021
119	第 11 批		江苏大学	2021
120	第 11 批		常州大学	2021
121	第 3 批		浙江师范大学	2010
122	第 3 批	浙江 (7 所)	浙江工商大学	2010
123	第 3 批		宁波大学	2010

序号	批次	地区	院校名称	获批年份
124	第 5 批	浙江 （7 所）	浙江理工大学	2014
125	第 8 批		浙江财经大学	2017
126	第 8 批		杭州师范大学	2017
127	第 11 批		温州大学	2021
128	第 3 批	安徽 （10 所）	中国科学技术大学	2010
129	第 3 批		合肥工业大学	2010
130	第 3 批		安徽师范大学	2010
131	第 3 批		安徽大学	2010
132	第 8 批		安庆师范大学	2017
133	第 8 批		安徽理工大学	2017
134	第 8 批		安徽工业大学	2017
135	第 8 批		安徽工程大学	2017
136	第 10 批		淮北师范大学	2019
137	第 11 批		安徽农业大学	2021
138	第 1 批	福建 （8 所）	厦门大学	2007
139	第 2 批		福建师范大学	2008
140	第 3 批		福州大学	2010
141	第 7 批		华侨大学	2016
142	第 11 批		闽南师范大学	2021
143	第 11 批		集美大学	2021
144	第 11 批		福建农林大学	2021

序号	批次	地区	院校名称	获批年份
145	第 11 批	福建 （8 所）	福建工程学院	2021
146	第 3 批	江西 （11 所）	南昌大学	2010
147	第 3 批		江西师范大学	2010
148	第 5 批		华东交通大学	2014
149	第 7 批		南昌航空大学	2016
150	第 7 批		江西理工大学	2016
151	第 7 批		江西财经大学	2016
152	第 8 批		景德镇陶瓷大学	2017
153	第 8 批		江西科技师范大学	2017
154	第 8 批		赣南师范大学	2017
155	第 11 批		南昌工程学院	2021
156	第 11 批		东华理工大学	2021
157	第 2 批	山东 （18 所）	中国海洋大学	2008
158	第 2 批		山东大学	2008
159	第 3 批		中国石油大学	2010
160	第 3 批		烟台大学	2010
161	第 3 批		山东师范大学	2010
162	第 3 批		山东科技大学	2010
163	第 3 批		山东财经大学	2010
164	第 3 批		曲阜师范大学	2010
165	第 3 批		青岛科技大学	2010

序号	批次	地区	院校名称	获批年份
166	第 3 批	山东 （18 所）	青岛大学	2010
167	第 3 批		鲁东大学	2010
168	第 3 批		聊城大学	2010
169	第 3 批		济南大学	2010
170	第 5 批		山东建筑大学	2014
171	第 7 批		齐鲁工业大学	2016
172	第 8 批		山东理工大学	2017
173	第 11 批		山东农业大学	2021
174	第 11 批		青岛农业大学	2021
175	第 1 批	河南 （16 所）	信息工程大学	2007
176	第 2 批		河南大学	2008
177	第 3 批		郑州大学	2010
178	第 3 批		信阳师范学院	2010
179	第 3 批		河南师范大学	2010
180	第 3 批		河南科技大学	2010
181	第 5 批		华北水利水电大学	2014
182	第 5 批		河南中医药大学	2014
183	第 5 批		河南农业大学	2014
184	第 7 批		郑州轻工业大学	2016
185	第 8 批		郑州航空工业管理学院	2017
186	第 9 批		河南理工大学	2018
187	第 11 批		新乡医学院	2021

序号	批次	地区	院校名称	获批年份
188	第 11 批	河南 （16 所）	中原工学院	2021
189	第 11 批		河南工业大学	2021
190	第 11 批		河南财经政法大学	2021
191	第 2 批	湖北 （19 所）	武汉大学	2008
192	第 2 批		华中师范大学	2008
193	第 3 批		中南民族大学	2010
194	第 3 批		中南财经政法大学	2010
195	第 3 批		中国地质大学	2010
196	第 3 批		武汉理工大学	2010
197	第 3 批		三峡大学	2010
198	第 3 批		华中科技大学	2010
199	第 3 批		湖北大学	2010
200	第 5 批		武汉科技大学	2014
201	第 5 批		武汉工程大学	2014
202	第 5 批		华中农业大学	2014
203	第 7 批		湖北中医药大学	2016
204	第 8 批		武汉纺织大学	2017
205	第 9 批		长江大学	2018
206	第 9 批		武汉轻工大学	2018
207	第 10 批		湖北工业大学	2019
208	第 10 批		湖北民族大学	2019
209	第 11 批		江汉大学	2021

序号	批次	地区	院校名称	获批年份
210	第 1 批		中南大学	2007
211	第 1 批		湖南师范大学	2007
212	第 2 批		湖南大学	2008
213	第 3 批		长沙理工大学	2010
214	第 3 批		湘潭大学	2010
215	第 3 批		湖南科技大学	2010
216	第 5 批		中南林业科技大学	2014
217	第 5 批	湖南 （15 所）	国防科技大学	2014
218	第 7 批		吉首大学	2016
219	第 8 批		南华大学	2017
220	第 8 批		湖南农业大学	2017
221	第 8 批		湖南工业大学	2017
222	第 11 批		湖南工商大学	2021
223	第 11 批		衡阳师范学院	2021
224	第 11 批		湖南理工学院	2021
225	第 1 批		中山大学	2007
226	第 1 批		广东外语外贸大学	2007
227	第 3 批		暨南大学	2010
228	第 3 批	广东 （12 所）	华南师范大学	2010
229	第 3 批		华南理工大学	2010
230	第 5 批		华南农业大学	2014
231	第 5 批		广东工业大学	2014

序号	批次	地区	院校名称	获批年份
232	第 11 批	广东 （12 所）	深圳大学	2021
233	第 11 批		广州大学	2021
234	第 11 批		广东财经大学	2021
235	第 11 批		汕头大学	2021
236	第 11 批		南方医科大学	2021
237	第 3 批	广西 （10 所）	广西师范大学	2010
238	第 3 批		广西民族大学	2010
239	第 3 批		广西大学	2010
240	第 5 批		桂林电子科技大学	2014
241	第 5 批		广西科技大学	2014
242	第 8 批		桂林理工大学	2017
243	第 8 批		南宁师范大学	2017
244	第 10 批		广西中医药大学	2019
245	第 11 批		右江民族医学院	2021
246	第 11 批		广西医科大学	2021
247	第 3 批	海南 （2 所）	海南大学	2010
248	第 8 批		海南师范大学	2017
249	第 1 批	重庆 （9 所）	西南大学	2007
250	第 2 批		四川外国语大学	2008
251	第 3 批		重庆师范大学	2010
252	第 3 批		重庆大学	2010
253	第 3 批		西南政法大学	2010

序号	批次	地区	院校名称	获批年份
254	第 5 批	重庆 （9 所）	重庆邮电大学	2014
255	第 5 批		重庆医科大学	2014
256	第 11 批		重庆交通大学	2021
257	第 11 批		重庆工商大学	2021
258	第 2 批	四川 （14 所）	四川大学	2008
259	第 3 批		西南石油大学	2010
260	第 3 批		西南科技大学	2010
261	第 3 批		西南交通大学	2010
262	第 3 批		西南财经大学	2010
263	第 3 批		西华大学	2010
264	第 3 批		四川师范大学	2010
265	第 3 批		电子科技大学	2010
266	第 3 批		成都理工大学	2010
267	第 5 批		西南民族大学	2014
268	第 8 批		中国民用航空飞行学院	2017
269	第 11 批		成都体育学院	2021
270	第 11 批		西华师范大学	2021
271	第 11 批		四川农业大学	2021
272	第 3 批	贵州 （4 所）	贵州师范大学	2010
273	第 3 批		贵州大学	2010
274	第 5 批		贵州财经大学	2014
275	第 11 批		贵州民族大学	2021

序号	批次	地区	院校名称	获批年份
276	第 3 批	云南 （8 所）	云南师范大学	2010
277	第 3 批		云南民族大学	2010
278	第 3 批		云南大学	2010
279	第 5 批		云南农业大学	2014
280	第 5 批		昆明理工大学	2014
281	第 11 批		云南财经大学	2021
282	第 11 批		大理大学	2021
283	第 11 批		西南林业大学	2021
284	第 8 批	西藏 （2 所）	西藏民族大学	2017
285	第 11 批		西藏大学	2021
286	第 2 批	陕西 （18 所）	西安外国语大学	2008
287	第 3 批		西北工业大学	2010
288	第 3 批		西北大学	2010
289	第 3 批		西安交通大学	2010
290	第 3 批		西安电子科技大学	2010
291	第 3 批		陕西师范大学	2010
292	第 5 批		空军工程大学	2014
293	第 5 批		西北政法大学	2014
294	第 5 批		西安石油大学	2014
295	第 5 批		西安理工大学	2014
296	第 5 批		陕西科技大学	2014
297	第 8 批		延安大学	2017

序号	批次	地区	院校名称	获批年份
298	第 8 批	陕西 （18 所）	西安邮电大学	2017
299	第 8 批		西安科技大学	2017
300	第 8 批		西安工程大学	2017
301	第 10 批		西北农林科技大学	2019
302	第 10 批		西安工业大学	2019
303	第 11 批		宝鸡文理学院	2021
304	第 3 批	甘肃 （5 所）	西北师范大学	2010
305	第 3 批		兰州大学	2010
306	第 8 批		兰州交通大学	2017
307	第 11 批		兰州理工大学	2021
308	第 11 批		西北民族大学	2021
309	第 11 批	青海 （1 所）	青海民族大学	2021
310	第 3 批	宁夏 （2 所）	宁夏大学	2010
311	第 11 批		北方民族大学	2021
312	第 3 批	新疆 （4 所）	新疆师范大学	2010
313	第 3 批		新疆大学	2010
314	第 11 批		喀什大学	2021
315	第 11 批		石河子大学	2021

致 谢

　　我们要感谢许钧教授协助策划，浙江大学出版社包灵灵和诸葛勤老师的耐心指导，以及梁伟玲、魏晋和刘馨媛等几位博士生的帮助。